社会に届け、沈黙の声

知的障害と呼ばれる人々が語る
津久井やまゆり園事件、出生前診断、
東日本大震災

柴田保之

萬書房

はじめに

知的障害と呼ばれる現象は、これまで、発達の遅れや認識能力の欠陥などととらえられてきました。しかし、今、その考え方には大きな亀裂が走っていると私は考えています。端的に言えば、知的障害は表現に関わる障害が中心であり、知的障害者と呼ばれる人々の内面には、私たちと何ら変わることのない心の世界が広がっているということです。もちろんこれまで長い間、そのことが明らかになってこなかったのは、それ相応の理由がたくさんあるからです。

私は、これまで二冊の著書で、私自身の関わり合いを通して明らかになっていることを述べてきました。しかし、まだまだ説明しきれていないこともたくさんあり、その一つ一つをていねいにときほぐしていかなければ、知的障害と呼ばれる現象の意味は明らかにはならず、多くの人の納得を得ることはできません。

しかし、本書では、そうした問題は、これからの課題としていったん置いておき、あえて、知的障害と呼ばれてきた人々が、語ってきた言葉に光をあてていきたいと考えています。私が関わり合いを通して、聞いてきた言葉は、素朴な気持ちの表現にとどまらず、あるときは深い思いを表現した詩であったり、深い思索に基づいた哲学であったり、鋭い社会批評であったりしました。それらは、非常に個性的なものではありますが、時に大きな社会でのできごとを前にして、みんなが口をそろえるようにして思いを語るということがありました。

本書では、そのようなできごととして、東日本大震災、新型の出生前診断、障害者施設での暴行死事件、津久井やまゆり園の事件をとりあげ、それらに対して、当事者が何を語ったかということを、中心に伝えていきたいと思います。

近年、当事者の意見を尊重するという機運はずいぶんと高まってきました。それには、さまざまな障害当事者の地道な歩みがあったことを忘れるわけにはいきません。そして、それは知的障害者の世界においても同様です。

しかし、本書で紹介する当事者の言葉は、独力では意思の表出に困難のある方々が、介助つきコミュニケーションと呼ばれる方法によって語ったものです。それは、介助者が手を添えて行うものであるために、本当に当事者の言葉なのか、介助者の言葉ではないかと疑義を持たれてしまうことが往々にしてあり、現段階では、十分な市民権を持つまでにいたっていません。

しかし、少なくとも介助者である私自身にとってその言葉は、まぎれもなく当事者の言葉であり、しかも、それはとうてい私には語りえないもので、当事者だからこそ語りうる深い言葉の数々です。こうした当事者の言葉が顧みられないということは、当事者にとっては、基本的人権の一つである表現の自由が奪われていることでもあり、私たちにとっては、学ぶべき多くの考えを含んだ言葉をそのまま見過ごしてしまうということであり、社会にとっての損失だと言ってもいいのではないかと思います。

次のような詩があります。作者は、重い身体障害のために言葉がないとされてきた唯野《ただの》瞳さんという二〇代の女性で、二〇一七年二月五日に書かれたものです。

〈人間として〉

誰にも理解されないような見たこともない瑠璃色に輝く私の夢は
ついにひそかにかなったのだが
そのことさえ伝えられずにいる
ついにかなったとはいえ私たちの夢はとてもつつましやかなもので
人間として認められるという夢だ
夢としてはどんなにつつましくても
私たちにとっては万感の思いで願いがかなったことだから
けっして小さなできごとではなかった
わだかまりもすべて水に流し
私は私らしい道をここから歩き出すのだ

分相応という生き方ではなく
理想に向かって歩き始めた私だが
分相応に見えるくらいその夢はつつましいものだから
誰もそのことに気づく人はいない

〈言葉に翼を〉

ずっとひとりで紡いできた言葉に
どうにかして翼を
元気に空を飛べるようにつけてあげたい
私の言葉たちはもうその準備はできている
よい私の言葉たちが空に飛び立てば
きっと空にきれいな虹がかかることだろう
ブンブンと羽音をたてているみつばちもその美しさに息をのみ
ゆずるつもりもなかった花を誰かにゆずることだろう
理解とはほど遠いと思われてきた私の言葉が空をはばたくとき
夜空には新しい星が輝き始めることだろう
世界中の人がその星を見て

なぜあの星がそんなに輝いているのかといぶかることだろう
そして地上にわずかではあれ平和が増えるだろう

〈地域で生きる〉

地域で生きるためには
地域の人々と交わらなくてはならない
私たちはまだ厚い壁の中にいて
地域と交わることができずにいる
早く壁を取り払い地域の人々とじかに語り合わなければ
私たちはまるで歴史に名前さえ残せないどころか
ぞろぞろと問答無用に歩いている忙しい社会の中に
存在していることさえ忘れ去られてしまう
乱暴に私たちを壁の中に閉じ込めた社会を救うことができるのは
本当は私たちだということを
高らかに「ごらんなさい私たちを」と言いながら
凡庸な社会に向けて叫びたい

言葉を表現する手段を得たことで、夢はかない、人間として認められたのだが、まだそのことは広く知られるにはいたっていないことがまず語られます。そして、人間として存在していることさえ忘れ去られ、まだ翼を持たない言葉は、厚い壁の中に閉じ込められたままにいるのですが、私たちの言葉こそ、わずかであれ社会に平和をもたらし、社会を救うことができるのだと言っています。彼女は、けっして高いところから社会を見下して言っているのではありません。言葉を縦横に駆使しながら豊かに生きているということさえ認められない社会の外側の場所から、社会に届くことさえわからないまま、つつましく述べられたものです。

本書は、そうした人々の言葉に、翼をつけて、その言葉から社会が何かを学びとることを目指す試みだと言ってよいでしょう。

社会に届け、沈黙の声●目次

凡例（主に当事者の発言について）

一、例えば、発言四－３は、第四章の３人目の方による発言を意味する。
一、そのうち、発言四－3a、発言四－3b……となっている場合は、発言四－３の方の第四章における1番目、2番目……の発言を示す。
一、発言四－３（七四頁、一七三頁、一九四頁）の頁数は、発言四－３の方の別の発言の掲載頁を示す。他の章でも発言している場合は、その掲載頁もすべて含まれる。
一、発言者の氏名は、本名、仮名、匿名とさまざまで、匿名の場合はとくにことわりは入れていない。ご家族やご本人の希望による場合と、連絡がむずかしい場合がある。
一、発言者の年齢にふれている場合は、その発言当時のものである。
一、発言は、ひらがなの文章として表出されたものだが、読みやすさのため、適宜、句読点を加えたり、漢字やカタカナをあてた。

第一章　介助つきコミュニケーションについて

一．介助つきコミュニケーションとは何か

（1）信頼性をめぐる議論

介助つきコミュニケーションという言葉は、介助者が手を添えることが不可欠なコミュニケーションという意味合いを持っています。通常ではコミュニケーションが困難でも、さまざまな道具や機器を用いて、コミュニケーションを可能にする取り組みは、たくさんなされてきました。しかし、そのときに、介助者が手を添えるような介助をするかどうかで、そのコミュニケーションの評価は分かれてしまいます。さまざまな日常生活の介護であれば手を添えることはむしろ当たり前のことなのですが、コミュニケーションに関しては、手を添えると、介助者の意図が介入するのではないかということで、手を添える方法については、なかなか広く認められるにはいたっていません。

私は、二つの入力スイッチで操作するステップスキャン方式と呼ばれるパソコンのプログラムを使って、当事者が文字を選んでいく介助から始めたのですが、最初は、姿勢や手の位置、スイッチの位置などを介助したものの、ひたすらその自発的な動きを待っていたので、現在の手を添えるというような介助とは異なっていました。それが、しだいに相手の状況に合わせて介助を増やしていく中で、手を添えるという介助に必然的にたどりつくというプロセスを経てきましたので、抵抗を

感じることはありませんでした。しかし、現状では、手を添えるか否かで、そのコミュニケーションの評価は大きく変わってしまうのです。

介助者の知らない内容を本人が発信することができれば、この方法の信頼性は確認できるのですが、残念ながら、そのことを実験的な手法で確かめようとしてもなかなかうまくいきません。

例えば、当事者に絵カードを見せて、その名前を書くというような課題を設定したとき、介助者も一緒にその絵カードを見ていればほぼまちがいなく正解できるのに、介助者が目隠しをすると、とたんに正解率が下がってしまいます。また、介助者に部屋から退出してもらって何らかの言葉を伝えておいて、介助者が再入室した際に、その言葉を聞き取るというような課題を設定しても、うまくその言葉が伝えられないということも起こります。それは、私自身も何度も試してみて、同様の結果を得ています。この介助法を疑う人には、この事実はこの方法が偽りであることの格好のデータということになってしまいます。

しかし、論理的には、この事実をもって、この方法が偽りであることが証明されているわけではありません。もちろん、そのデータでは、この方法の正しさを示すことはできていないのですが、間違ってしまう相応の理由が明らかになれば、それでよいわけです。実際、私自身もこのようなことを実験的に行っていますが、その際は、どのように条件を整えれば正解が出せるのかという問題意識をもって行いますので、正解にならないことで、この介助方法が間違いだと考えるわけではありません。

ただし、残念ながら、まだ、そのことをきちんと整理するだけのデータが得られているわけではありません。しかし、絵カードなどの視覚的認知にむずかしさがある場合もあったり、実験的な場面での記憶のむずかしさなどが複雑に錯綜していることが関係しているらしいことは、わかっています。

また、介助者と当事者の間で、さまざまな相互作用が起こっていることが影響しているらしいこともわかっています。もちろん、そこに当事者の意思を正確に伝えそこなう可能性があるわけです。それは、介助者はきちんと知っておくべきことで、介助して聞き取った内容が、本当に正しいかということを確かめることが大切であることが示されているのです。

一方、実験的な場面でなければ、この方法の正しさを示す材料はいくつかそろっています。まず、最初にあげたいのは、東田直樹さんの言葉です。東田直樹さんの名前を世界的に有名にした著書『自閉症の僕が跳びはねる理由』の第一章第一節は、「筆談について」で、次のように記されています。

僕が自分の意思で筆談できるようになるまで長い時間が必要でした。鉛筆を持った僕の手を、お母さんが上から握って一緒に書き始めた日から、僕は新しいコミュニケーション方法を手に入れたのです。(東田、二〇〇七、一二頁)

東田さんは、その後、文字盤やパソコンのキーボードを独力で指さして意思を表現できるようになったわけですが、その著書の冒頭で筆談のことを述べているという事実は、当事者自身による証言として非常に重要なものであると思われます。このことをもって、介助による筆談はすべてが正しいと言うわけにはいきませんが、介助による筆談はすべて間違っているということは論理的には言えないということになるはずです。

次にあげたいのは以下のようなことです。介助による筆談は、当初、その方法がなければ意思の表現が困難な方に対して用いられはじめたものですが、意思表示は可能であっても、自力で表現した内容が本当に言いたいことの一部でしかない方の介助にも広がっています。知的障害があるとされていて、意図したことを十分には話せないというような方や、身体障害のために、十分には話せなかったり、文字盤ではゆっくりとしか意思を伝えられない方などです。この方々は、筆談で伝えた内容があっているかという質問に対して、独力で答えていただくことができます。ふつうの会話も成り立つ方々ですから、自然に、あいづちを打つように、あっているかどうかを答えていただくわけです。もちろん、読み違いや訂正があればそれも伝えていただいています。

さらに、介助つきコミュニケーションでなければ意思の表現がむずかしい人で、本人にしか知りえない事実が、ふだんのやりとりの中で自然と生まれることがあります。一例をあげましょう。

二〇〇八年七月二四日のことですが、「このあいだ　てをかけてくれたうちのおばあちゃんが　くるしそうにしていて　いのちがあぶなくなって　しんぱいしました　なきそうになりました　きゅうきゅうしゃがきました。」という文章が書かれたことがありました。このときは、ステップスキャン方式（二三頁参照）と呼ばれるワープロのソフトを使ったパソコンとスイッチによる方法でしたが、文章を書き終わったあと、お母さんから、実は、最近、離れたところに住んでいるおばあちゃんが救急車で運ばれるということがあったと告げられて、この文章が事実であることがわかったのです。内容が内容だけに、違っていたらという、はらはらした感覚で介助をしていたので、お母さんから事実であることを告げられてほっとしたことをよく覚えていますし、お母さんも改めて、この言葉がお子さんの言葉であることを確信なさったということでした。

こうしたエピソードが頻繁に生まれればよいのですが、昨日何があったかを書くように求められてうまく書けないというようなこともあります。そういう場合には、逆に、そのことが方法の否定につながることもありますから、こうしたエピソードは、現実的には、偶然生まれるのを待ったほうがよいということになります。

また、まったく違う側面からの議論になりますが、介助つきコミュニケーションが実際にどう使われているかという実態にふれておくことも重要かと思います。

私が、パソコンによる意思表現の方法に取り組みはじめたのは一九九八年のことですが、それは、相手の自発的な運動を一〇〇パーセント待って行うもので、手を軽く添えるような介助はしていたものの、私自身、特別な介助をしているという自覚はありませんでした。その後、介助の方法が少しずつ発展していくにつれて、手を添えていっしょに操作するなど介助の程度も手厚くなっていったのですが、しだいに懐疑の目を向けられることが多くなっていきました。そして、二〇〇八年の夏頃から、介助のスピードもあがって文字数も飛躍的に増えていくにつれ、介助の方法に対してだけでなく、その内容の高度さに対しても懐疑のまなざしを向けられるようになっていきました。

その頃は、私は、筆談やポインティングの介助の方法と、自分の方法との関連をとくに自覚していたわけではなく、ただスイッチとパソコンを使うことによって、目の前に生み出されてくるまったく新しい事実に、日々驚きと感動に突き動かされるようにして、実践に明け暮れており、私の介助の方法を実際に試みる人も、私の周囲のほんの一握りの人に限られていました。

しかし、私の関わっていた養護学校の先生が、私の方法はなかなかできないけれど、久里浜にある特殊教育総合研究所（当時）の笹本健先生のもとでやられていた筆談（ソフトタッチングアシスタンス＝ＳＴＡ）ならば習得できそうということで試みられたのです。そして、実際に、その先生はもちろんのこと、担任の子どものお母さんと一緒にクラスを持っている二人の先生も習得できたのですが、このことをきっかけに、少しずつ、手を添えて行う筆談（二三頁参照）も広がっていきました。

私自身は、二〇一三年の一月に、私より一足先に筆談の介助法を習得していた妻が、中途障害の方お二人に筆談を紹介したところ、その場ですぐにご家族ができるようになったことをきっかけに、筆談を学ぶことになったのですが、その頃から、さらに筆談の介助の方法を習得する方々が増えはじめたのです。その中には私の大学のゼミの学生も含まれていました。

私や私の周囲の限られた人しか介助ができない状況では、こうした方法はとても特殊なものに見えていたのですが、家族やヘルパー、施設の職員など、当事者の日常の生活の場面で関わっている人が、自然に筆談を通してコミュニケーションを深め、そのことで当事者の生活も家族の生活も変わっていく姿が徐々に増えていくにつれ、まだまだ少数派とはいえ、介助つきコミュニケーションは非常に自然な姿になっていったのです。

二〇一六年から私は、こうした広がりを受けて、介助つきコミュニケーション研究会というものを、当事者や支援者とともに始めました。半年に一度の研究会では、毎回、家族や施設の方が介助つきコミュニケーションの実践を報告してくださいます。確かに、客観的に正しいということを根拠をもって示すことは相変わらず困難ですが、日々の生活や実践の中に自然に取り入れられている姿を共有し合うことを通して、介助つきコミュニケーションを通した共同体が生まれはじめていることを感じます。

まだまだ客観性を裏づける根拠を、十分に提示しているわけではないのは事実ですから、こうした方法について語ることに慎重になることは、理解できないわけではありません。私もまた、できるかぎり説得力のある事実を提示できるよう、そのための努力はこれからも続けていきたいと思います。

しかし、だからと言って、当事者にとって、その議論が解決するまで表現の機会を奪われるというのは、非常に理不尽なものになります。したがって、本書では、客観性等の議論は改めて別の場で行っていくこととして、現実に介助つきコミュニケーションを通して生み出されている事実を重視していきたいと思います。

(2) 介助つきコミュニケーションの方法と介助の内容

介助つきコミュニケーションの方法は、基本的に当事者の手に介助者の手を添えるものですが、大きく三つに分けることができます。

一つ目は、手を添えて行う筆談です。実際にペン等を握った状態で、ペンで紙に文字を書くのを介助する場合と、人差し指で介助者の手の平に文字を書くのを介助する場合とがあります。後者を指筆談や指談と呼んで区別する場合もあります。

二つ目は、手を添えて行う文字盤の指さしです。文字盤は、ひらがなの五〇音表の場合と、パソコン等のキーボードの配列の文字盤の場合とがあります。文字盤がそのままキーボードになって、タイピングをする場合もあります。

三つ目は、パソコンの画面上のひらがなの五〇音配列から、二つの入力のスイッチを用いて、まず、選びたい文字のある行を選び、次にその行の中からその文字を選ぶというものです。これは、ステップスキャン方式と呼ばれるもので、一つの入力のスイッチで行や文字をスキャンしていき、もう一つのスイッチで決定するという仕組みになっていますが、このスイッチ操作の際に手を添えて介助を行うわけです。なお、スイッチについては下向きに押すプッシュ式のスイッチと手前に引いたり向こう側に押したりするスライド式の二つのタイプがあります。この方法は、パソコンがなくても、行を選ぶ際に、介助者が当事者の手をとって、「あかさたな……」と唱えながら手を振って、選びたい文字のある行のところで合図をもらい、さらにその行の文字を上から順に唱えながら、選びたい文字のところで合図をもらうというやり方でも可能です。

それぞれ、行われている動作は、文字を書く、文字を指さす、スイッチを操作するといった異なる動作ですが、手を添える介助でいったい何をしているのでしょうか。

ここで、介助の内容に関して、純粋に肢体不自由の障害によって生ずる困難に対する介助と、特別な肢体不自由がないのに生ずる、言語表現全体に関わる困難に対する介助とに分けて説明をしていきたいと思います。ひらがなを書いたり、五〇音表の文字を正しく指さしたり、二つのスイッチ操作を的確に行っている場面を想定してもいいのですが、簡単な線を引いたり、二～五枚程度のカードを指さしたり、スイッチ操作の一つの要素（押すとか引くなど）だけを想定していただければわかりやすくなるかもしれません。

①肢体不自由の障害によって生ずる困難に対する介助

肢体不自由を中心とする困難に対する介助については、肢体不自由によって動かなかったり、不随意運動が起こってしまうことに対する介助になります。なお、強い緊張に伴う不随意運動や震えのような不随意運動が伴う場合は、不随意運動の中に意図的な運動が含まれていたり、介助の中で不随意運動の力が抜けて手の動きが小さくなって意図的な運動が起きたりするなどしますので、ここでの話は、そうやって表現された意図的な運動の部分にしぼって話を進めていきます。

介助の第一段階は当事者の手に介助者が手を添え、相手の動きを待つというものです。これだけで文字が書けたり、文字盤が指させたり、的確なスイッチ操作が生まれることもありますし、これだけの介助では困難な場合もあります。いずれにしても、そこに当事者自身の意思が感じられていればよいわけです。

第二段階は、相手の手の動きにしだいに同調していく介助になります。すでに第一段階で適切な運動が起こる場合であれ、まだ不十分であれ、相手の動きに手を添え、まったく静止してただ当事者の動きを待つという介助は、実は相手の動きにわずかであれブレーキをかけることになることがわかります。例えば、私たちが手をつないで歩くというような場合、ただじっと相手の手が動くのを待っていたら、それは相手の動きを結果的にさえぎることになるのと同じです。相手の動きをさえぎらないようにするにはどうすればいいかというと、相手の手の動きが感じられたら、まずできるだけ力を抜いて相手の動きについていけばいいわけです。そして、それに慣れれば慣れるほど、当事者と介助者の動きは同調するようになっていきます。そして、こうした動きは、介助者が意図的に行うというよりも、なかば無意識的ないし無自覚的に起こってくるものです。ただし、このように同調した介助は、第三者にはどちらが動かしているのか見分けがつかないものになっていきます。また、こうした同調は、このまま同じ運動が続くだろうとか、方向転換や静止が起こるだろうなどという予測もだんだん伴うようになり、よりなめらかなものになっていきます。

第三段階は、この同調した介助が熟練されていく中で生まれてくるものですが、当事者の動きが実際に始まる前の準備の段階にこもる力ないし緊張状態の中に、当事者がこれから起こそうとしている運動の方向が感じられるようになっていきます。これは、予測と似通っていますが、手にこもった力に基づくものなので、現在感じられていることの中にちゃんと根拠があるわけです。ただし、これもまた無意識的、無自覚的に起こってくるものです。

これは、とても特異なもののように見えるかもしれませんが、実は、同様のことは人間の行動の中に随所に見られます。例えば、ボクシングや卓球など、ものすごいスピードで対応しあうスポーツでは、実際の動きが目に入ってくる時点での情報に頼っていたら、神経伝達に一定の時間がかかるため、的確に反応することができないはずなのに、見事に対応しているということは、実際の動きが起こる前の情報を何らかのかたちで感じ取って、それに基づいて反応していることになります。これも予測と似通っているのですが、感じられているものの中にちゃんと根拠はあるのであって、あてずっぽうの予測とはわけが違います。

さらに、あえてわかりやすくするために第四段階というかたちで区別をしますが、第三段階の介助の中で、同時に生まれてくるものと言ったほうがいいかもしれません。それは、あえて、こちらから当事者の手に力を加えてみて、そのときに当事者の手から返ってくる動きの中から、どちらに動こうとしているかを感じ取るというものです。当事者の動こうとしている方向を探り取ると言ってもいいかもしれません。これは、五〇音表の指さしの場合、比較的わかりやすい場面があります。最初に動き出すとき、どの方向に向かっているかということは、当事者の手をこちらが先に動かすと当事者が目指そうとしている動きと違うほど、お互いの力がぶつかり合って抵抗は大きくなりますが、一致すれば抵抗がなくなってそちらの方向へ運動を誘導するように続けていくことができます。そしてその動きが当事者の意図とずれていたら、そこにまた抵抗が生まれるので、正しい方向を探すことになるわけです。

私は、スイッチの介助において、当事者が押していたスイッチを一緒に押す介助に移行していったのですが、それがまさにこれにあたります。その場合は、押していた動きを止めるという場面で、手がわずかに重くなるということで伝わってきました。最初は大きな動きで確かめていましたが、軽い力で小さな運動を起こすだけでも、その重さの変化がわかるようになっていったのです。

こちら側が何らかの力を加えることによって初めて感じ取られるというのは、実はきわめて日常的な感じ方で、硬さや重さの感覚というのがそれにあたります。一定の力を加えてみて初めて硬さはわかりますし、持ち上げてみて初めて重さはわかるのです。

また、さらに言えば、こうした感じ方は人間のあらゆる技の中に含まれているものでもあります。例えば、楽器演奏で、ピアノの鍵盤を押す指の動きは、そのつど鍵盤からかえってくる抵抗感に応じて瞬時に力をコントロールするということで成り立っており、そうした抵抗感のフィードバックなしに、あらかじめプログラミングされた通りに脳からの指令が一方通行で流れてきているのではありません。

なお、ここで、こうした技にふれたのは、介助のスピードがこの段階くらいになると、非常に速くなることが往々にしてあり、人間技ではないかのように見えてしまうことがありますが、目もくらむようなスピードで動く楽器演奏の手や指の動きに比べたら、特別なものではないという見方もできるのではないかと思うからです。

以上、四つの段階に分けて、肢体不自由のために意思表現に困難をかかえている方に対する介助を整理しました。これは、けっして介助の習熟度に対応したわけではなく、こうした要素がさまざまにからみあいながら介助は進んでいくということです。

②言語表現全体に関わる困難に対する介助

次に、特別な肢体不自由がないのに生ずる、言語表現全体に関わる困難が存在する場合の介助について整理したいと思います。

この困難には、感覚によって外界をどのように受容しているか、運動をどのようにコントロールしているか、言語がどのように内的なプロセスを経て生成されてくるかといった、さまざまなプロセスがからみあって、障害の状況に応じてさまざまなかたちをとります。ここでは、典型的な例を二つあげたいと思います。

一つ目の例は、ペンを握って何かを書こうとするとぐるぐると円を反復的に描いたりするような方の場合です。もちろん、これが本人の意図通りのものであればよいのですが、こうした運動が意図に反して起こっている場合があるわけです。そして、その場合、通常は、その方が文字が書けるようには見えません。

ところが、こうした状態で手を添えると、その方が本来意図していた方向に運動が起こり、文字を書くことができるのです。これは、意図的に運動を起こそうとしたとき、適切な力が入らなくて、単純な反復運動が起こってしまっており、そこに手を添えることでその力が抜けて、意図的な運動が起こってくると考えています。そして、介助の内容については、このあとは肢体不自由の方のところで述べたこととほぼ同一になります。

このような状況の方が文字盤のポインティングを行うと、起こる運動はさまざまですが、目的の文字を指さすことは困難です。ところが、ここでも手を添えると、手の力が抜けて、文字盤を適切に指さすことが可能になったりします。

また、スイッチ操作では、スイッチを押したり、スイッチを引いたりする際、反復運動になってしまって、ただ遊んでいるように見えたりしますが、ここでも手を添えると、力が抜けて、適切な動きが起こることになります。

二つ目の例として、書字や文字盤の指さしによって単語や文章を綴ることのできる方が、実は、そうして表現されたこととは別の気持ちを持っているという場合です。このような状況にある方の中には音声言語で単語や文章を語る方も多く、その場合でも、その音声言語で表現されたこととは別の気持ちが存在しており、手を添える介助がうまくいけば、その気持ちが表現されることになるのです。なお、スイッチ操作ではこの事例にあたる方はほとんどいないので、ここではふれません。

こうした方の場合、その本当の気持ちは外部への通路を持っていないので、表現された言葉がすなわちその人の内面を表すととらえられるのが通常で、音声言語や文字、文字盤などで表現された言葉から、他者がその人の内面を再構成するということになるわけです。ところが、表現された言葉とは別に気持ちがあるのですから、その他者による内面の再構成は的外れにならざるをえないのです。

このことを明確に語ることができたのは、外への通路を懸命に穿つことのできた希有な存在である東田直樹さんです。東田さんは、『自閉症の僕が跳びはねる理由』の中の「どうして上手く会話できないのですか?」の節で、次のように述べています。

> 僕も話せないのはなぜだろうと、ずっと不思議に思っていました。話したいことは話せず、関係のない言葉は、どんどん勝手に口から出てしまうからです。僕はそれが辛くて悲しくて、みんなが簡単に話しているのがうらやましくて仕方ありませんでした。
>
> 思いはみんなと同じなのに、それを伝える方法が見つからないのです。
>
> 僕たちは、自分の体さえ自分の思い通りにならなくて、じっとしていることも、言われた通りに動くこともできず、まるで不良品のロボットを運転しているようなものです。いつもみんなにしかられ、その上弁解もできないなんて、僕は世の中の全ての人に見捨てられたような気持ちでした。(東田、二〇〇七、三〇頁)

ここには、言葉をめぐる困難と、行動をめぐる困難とが記されているわけですが、まさにこれまで述べてきた状況を述べたものに他ならないと言ってよいでしょう。そして、このことが、東田さんに特有なことではなく、言語の表現に困難を抱える自閉症と呼ばれるたくさんの人々に共通のことなのだということもまた、読み落としてはいけないところです。

そして、このような人々が、介助によって筆談や文字盤で気持ちを表現できるようになるのですが、手を添えられなくても文字が書けたり、指させたりする人が、なぜ、手を添えられることによって、独力では表現できなかった気持ちが表現できるようになるのでしょうか。

手を添えることによって起こることで、介助者が観察可能なことは、手の力が抜けるということです。逆の言い方をすれば、手を添えても力がまったく抜けない場合には、独力でやっている書字や指さしと同じことになってしまいます。

しかし、なぜ、力が抜けると気持ちが表現できるようになるのでしょうか。それは、外からは観察できないことですが、当事者の報告では、独力で単語や文を書いたり指さしたりすると、本当に表現したい気持ちは消えてしまい、その代わりに、駅名やその日のスケジュールなど、決まったパターンの言葉が浮かんできて、それを書いたり指さしたりしてしまうのですが、手を添えられると、気持ちがそのまま意識の中に残り続けて、それを表現することができるというのです。

長い間、どのようにがんばってもうまく表現できなかったことが、手を添えるというたったそれだけのことで乗り越えられるというのは、非常に不思議な現象です。これまで、言語に関して、長い歴史の中でさまざまな研究がなされてきたのですが、人間が瞬時に複雑な思考を言葉として生成し表現していくプロセスについては、まだまだ研究が進んでいるようには見えません。その複雑なメカニズムが明らかになることで、この現象もまた、きちんとした解明がなされていくことでしょう。ただ、非常に素朴な説明になりますが、これまでの経験から推測すると、発話にしても書字にしても、文字盤の指さしにしても、無意識下で、さまざまなプロセスを動員して行われていると考えられますが、それがそのとき、その人がこなすことのできる容量を超えてしまって、本当に表現したいことを意識の中に保ち続けることができなくなっているところに、手を添えるという介助が、動員されたプロセスのいくつかを補うことになり、容量に余裕が生まれ、気持ちを意識にとどめ続けることができるのではないかということです。

以上、介助つきコミュニケーションの方法についての説明としては、はなはだ不十分ですが（詳しくは前著『沈黙を越えて』をご参照ください）、当事者の言葉のほうへと移っていきたいと思います。

第二章　東日本大震災に思う

二〇一一年三月一一日に起こった東日本大震災は、地震と津波、そしてそれに続く原発の事故によって多くの人命と人々の生活を奪い去りました。そして、このできごとは、被災地の人々だけでなく、日本中の人々の心をも激しく揺さぶらずにはいませんでした。そして、それは、障害のある方々にも共通のことです。

しかし、一つ私たちとは大きく違うことがありました。それは、自分の障害と震災とを重ね合わせながらできごとを見つめていたということです。

私が震災後初めて障害の重い方々に接したのは、地震から五日後の三月一六日のことでした。この日私はかねてからの約束通り、高校生の女の子と小学生の男の子が待つ小児科の病棟を訪問しました。二人はともに寝たきりで重症心身障害と言われる状況にあります。男の子の愛用のラジオがいつもより大きな音量で震災関連のニュースを流し続けている中、計画停電の話があるとのことで、呼吸器等を緊急用の電源に付け替えられるようにするための準備などで看護師さんたちは慌ただしく立ち働いておられました。

そのような状況の中で女子高生（故人）は、次のように書きました。

■発言二―1a（三七頁）

いい季節になったと喜んでいたら、こんな大変なことになってとても驚いています。なぜこんな悲しいことが起こるのかわからないけれど、小さいときからどうして私には障害があるのかと考えてきたので、みんなよりはよく考えられるのかもしれないけれど、全然わかりません。小さいときはよく神さまをうらんだりしたけれど、じっと煩悩ということを考えて望みだけは失わないようにしてきたのだけど、理解できないほどのできごとでした。(…)小さいときからの疑問でしたが、ようやく答えが見えそうだったのにまたわからなくなりました。人間というのはむずかしい存在ですね。(二〇一一年三月一六日)

この大震災が呼び起こした「なぜこんな残酷なことが起こるのか?」という問いは私たちと共通でしたが、この悲惨なできごとを自分たちの障害と重ね合わせていたのは驚きでした。しかし、このときはまだ、誰もが異口同音に震災について自分の障害と重ね合わせながら語るなどとは思いもよらないことでした。

彼女は、自分の障害について、かつて神をうらむことがあったと言うのですが、うらむ心の根底にあるさまざまな欲望を凝視し、そうした欲望を抱く心を煩悩に満ちたものと見通す透徹したまなざしを得ることによって、初めて人生に対する希望というものを手にすることができていたというのです。しかし、そうした自分の長い思索の過程を経て到達した境地からしても、今度の大震災は理解ができないということと、この大震災は、そうやってたどりついた自分の思索をもう一度根本からひっくり返してしまうかもしれないという不安を抱いているということを語ったのでした。

そして、隣のベッドの小学生もまた、次のように語りはじめました。

■発言二――2a（三七頁、一九三頁、一九六頁、二〇五頁、二一三頁）

生き死にということを考えました。なぜこんなことが起こるのかよくわからないけれど、何千人もの人が亡くなったのがとてもわかりません。人生を途中で断たれてしまって。よくわからないけど目的というのが本当に持てなくなりそうです。なぜ僕が生きているのか、なぜ私たちの苦しみがあるのかなど、わからなくなりそうですが、理想は理想として、いいこんなわかり方があるかぎり目的を大切に生きていきたいです。理解できない悲しみにもきっと意味があるのでしょうね。わかるのはむずかしいかもしれないけれど、どうにかして僕も生きる意味を見つけたいです。（二〇一一年三月一六日）

使われている言葉は違っていても、女の子の思いと共通です。生まれてからずっと病院のベッドで暮らし続けてきた小学生の男の子は、懸命に生きる意味を問い続けてきて、自分なりの生きる目的を見出してきたのに、このあまりに悲しいできごとが生きる目的を見失わせかけてしまったのですが、この大きな悲しみにもきっと意味があるはずだと問い直すことによって、自分の生きる意味がけっして失われることはないはずだと、不安を晴らすように自らに言い聞かせているのです。二人とも、文章の後半は被災地の人のこれからに及びます。

■発言二―1b（発言二―1aの続き。三四頁）

びろうどの未来が被災者にも訪れることが唯一の願いですが、どうなっていくのかとても心配です。みんなずっと人生を投げ出さなければいいなと思います。

女の子の言葉は、被災地の人々が絶望することなく、「びろうどの未来」をささやかに願うものでしたが、男の子の言葉は力強さを秘めていました。

■発言二―2b（発言二―2aの続き。三六頁、一九三頁、一九六頁、二〇五頁、二一三頁）

わずかな希望さえあれば人間は生きてゆけるということを僕たちがどこまでも証明してきたので、みんながんばってほしいです。私たちの仲間のことがとても心配です。願いは、もっと私たちの仲間のこともニュースで伝えてほしいです。（…）僕たちのことと同じですね。僕たちもいろいろな人に支えられているので、ごらんなさい僕たちのことをと言いたいです。

そうですね。未来のみんなの幸せはそこから始まるということですね。どうにもならない苦しさも勇気を出せば乗り越えられるということがわかりましたから、誰でも人間は同じだと思います。

「わずかな希望さえあれば人間は生きてゆける」という言葉は、その後多くの人が使った言葉ですが、いのちの危機とたえず向かい合い続けてきた男の子は、この言葉を身をもって証明してきたと言うのです。そして、自分たちが支えられているから生きているということを体現してきているのだと力強く語り、それこそが希望の原理だと言っているのでした。

今振り返ると、三月一六日の時点で、この二人の言葉を通してすでに語られるべきことの骨格が示されていたと言えます。

こうして語られはじめた東日本大震災に寄せる多くの障害のある人々の思いは、一人一人個性的なものでしたが、思いのほか共通性も持っていました。そこで、その共通のテーマごとに整理して、紹介していきたいと思います。

一．なぜという問い

最初の二人も問いかけていたことですが、なぜこんな悲しいことが起こったのかという問いは、多くの人に共通でした。まず、震災直後のひと月の間に発せられたいくつかの言葉を紹介しましょう。まず、重症心身障害と呼ばれる二〇代の女性の言葉です。

■発言二―3a（四七頁、四九頁）

いちばんぐったりするのは、たくさんの人が亡くなったことです。みんなそれぞれ若い人も年老いた人も来世を信じているならまだ救いもあるけれど、人間なんてなんと人生を茫然と見つめるしかない存在なのかと思い知らされるできごとでした。理解を超えたできごとにただただ茫然としているだけですが、私たちはどうにもならないことには慣れてはいるので、世間の人たちよりも人間の無力さはわかっているつもりです。（二〇一一年三月二九日）

次の言葉は、知的障害の特別支援学校を卒業した発話の困難な二〇代の若者のものです。

■発言二―4

日本が地震で大変なことになってしまった。大きな地震と津波でたくさんの人が亡くなったのでとても悲しいです。なぜあんなにたくさんの人が亡くなったのかわからなくて毎日悩んでいます。人間だからみんな自分だけでなく他の人のことも考えていると思うので、みんな混乱しています。僕も唯一の希望がなくなりそうな気がしています。人間に生きる意味がないと僕たちはどうしたらいいかわからなくなるからです。勇気を出そうにもなかなか感情がこみ上げてきません。小さな子どもまで亡くなって、人間としてどう自分はとらえたらいいのかわからなくなります。（二〇一一年四月九日／植村真）

なお、震災から五か月余り経ってのことですが、重度の肢体不自由があるダウン症の男性はたくさんの震災の俳句を作って私を待っていました。その中に、この問いを端的に表現したいくつかの作品がありました。

■発言二―5a（六一頁、九二頁、九四頁）

なぜと問う　答えはなくて　無垢な夜
長き夜を　なぜと問いつつ　ふける闇
まだ波は　黙ったままで　答えなし
茫然と　立ち尽くす浜　ずきずきと　（二〇一一年八月一七日／鈴木達也）

おそらく、意志を持った超越的な存在を仮定しないかぎり、このなぜという問いに答えが出ることはないでしょう。そのことはよくよく承知の上で、あまりにも悲惨なできごとに対する不可解さを「なぜ」というかたちで問いかけているのだと思います。ふだんの平穏な社会で大切にされたり、善とされてきたものがやすやすと否定されてしまい、これまでの社会を支えてきた価値の体系がすべて崩れ去ったように思われたのでした。だから、「茫然」という言葉が頻出しました。

ただ、改めて後述しますが、こうした事実を見つめる彼らのまなざしは、障害という状況をくぐりぬけてきたゆえ独特のものとなっています。それは、すでに自らの障害をめぐって人間の生きる意味などについて、十分に考え抜いてきたからです。だから彼らはけっして私たちのようにこうした不慮のできごとに対して無防備だったわけではありませんでした。十分にそうした問題については考えてきたにもかかわらず、それでもなおなぜと問わねばならなかったということなのです。

ところで、なぜという問いをいっそう深くしたできごとに、誰かを助けようとして多くの人が亡くなったということがあります。いざとなったら一人一人が自分のいのちを守るしかないという意味の「つなみてんでんこ」という言葉が何度も語られましたが、それにもかかわらず、ある人は身内を守ろうとし、また、ある人は施設の職員として利用者を守ろうとし、ある人は消防団員として住民を守ろうとしていのちを失いました。次は、そのことにふれた二人の言葉です。一人目はこの三月に肢体不自由の高等部を卒業した若者、二人目は同じ特別支援学校の二年先輩の女性です。

■発言二―6a（五四頁、一八一頁、一九三頁）

なぜかはわからないけれど、なかなか忘れられないのは他の人を助けようとして亡くなった人のことです。なぜそんなことを、どうしてそんなことが、と考えてみてもまったく答えが見つかりません。（二〇一一年四月二五日／藤村元気）

■発言二―7a（五四頁、九六頁）

理想を見失いそうですが、忘れられないのは人を助けようとして亡くなった人のことです。理解できないのは、理想を大事にしている人が亡くなったことです。未来の日本はそういう人を大事にできることが肝心だと思うのですが、どうしてそういう人まで亡くなるのかが理解できません。（二〇一一年四月二五日／三瓶はるな）

自分のいのちを捨てて他者のいのちを守るほど大きな愛はないと言われることがありますが、まさに、そのような行為がたくさん生まれ、本当に多くの人が誰かのために自分のいのちを失ってしまったのです。そうした崇高な愛とも言える行為がいとも簡単に踏みにじられてしまうというあまりにも救いのない不条理なできごとに、すべての理想の崩壊が感じられたということなのでした。そして、その背景に、重い障害という条件の中で生きる自分たちのいのちは、どこかで誰かの献身的な努力によって支えられているという思いが存在しており、それが、自分自身の存在へのより深い懐疑へとつながったはずです。

二．災害と障害の共通性

この大災害と障害との間に共通性があるとの認識は発言二―2の少年も持ったものでしたが（三七頁）、もっとそのことをストレートに語った方も少なくありません。その共通性とは、障害も災害も自然がもたらしたものであり、そこに理由はないというところです。それは、「理不尽」「なろうとしてなったわけではない」「理由のわからないもの」「残酷な自然のせい」などという言葉で表現されていました。

最初の方は、盲学校の出身者で、視覚障害と知的障害が重複しているとされる二〇代の女性です。

■発言二―8a（六七頁）

私たちも理不尽な障害に苦しんでいるけれど、もっともっと理不尽なできごとでした。私たちはまるで津波のあとに取り残されたようなものです。なかなか救いの手が伸びてきません。どうしてなのかわからないけれど、私たちも救いの手を待っています。じっとしているだけしかできないけれど、早く救われたいです。（二〇一一年三月二〇日／水澤陽子）

次の方は、重症心身障害と呼ばれる状況にある二〇代の男性です。

■発言二―9

僕たちも災害で孤立したような存在だから、何とかして世の中に認めさせたいです。なろうとしてなったわけではないけれど、僕たちはその状況をしっかり引き受けながら生きていますから、被災者の人にもぜひ状況を引き受けてがんばってほしいです。（二〇一一年三月三〇日／三坂俊平）

ある程度会話のできる二〇代の脳性麻痺の女性は、次のように語っています。

■発言二―10

私たちは私たちを表現することにも困難を抱えているので勇気を出さないと生きていけませんが、それは被災地の人の置かれた状況と同じです。私たちのことなど誰も振り返らないけれど、私たちもまた被災者のようなものなのかもしれません。（二〇一一年四月二五日／板橋望美）

次は、視覚障害と知的障害が重複されていると言われる高校生の言葉です。

■発言二―11a（五六頁）

僕たちにも支えが必要だから、地震とは違うけれど、僕たちの悩みも地震に似ていて茫然と立ちつくすしかないものです。地震も障害も自然が与えた理不尽な仕打ちです。（二〇一一年五月二三日／栗山翔太）

これらは震災の直後から多くの人たちに宿った認識でした。最初に「理不尽」という言葉に出会ったのは三月二〇日でしたが、そのときの衝撃は忘れられません。冒頭の少年や少女がふれた認識が、この言葉でくっきりと明らかになりました。

そして、「理不尽な」障害と向かい合ってきた彼らは、ただその理不尽さの前にたたずんでいたわけではありません。これまで、一人一人自らを襲った理不尽な障害について、折にふれて考え抜いてきたのです。しかも、そのことをほとんど誰にも知られることもなく、ただ、自分自身と孤独に向き合うことによって……。

しかし、この大震災は、理不尽さにおいて共通ではあっても、自らが向かい合ってきた障害よりもはるかに大きい理不尽さであるとも感じられていました。だから、人によっては、これまでの自分の認識では歯が立たないと感じる人もあり、すでに述べてきた「なぜ」という問いは、そこから改めて発せられた問いでした。そして、それでもなお、「なぜ」という問いを越えて、自分たちの障害の苦しみや悲しみの意味、あるいは生きている意味が被災地の人々にとって何か示唆を与えられることがあるのではないかと思いを進めていきます。

次の方は二〇代後半のいわゆる重症心身障害の状況にある女性です。

■発言二―12（九九頁）

わずかな希望は、私たちのような障害のある人間だけは苦しみの意味を知っているので、その経験が何かの支えになればと思います。日本のろうそくになれたらなどと大きなことも考えました。わずかなあかりでも何かの役に立てたらと思いました。私の言いたかったことは以上です。（二〇一一年四月一〇日／井上神恵）

次の方は、重症心身障害と呼ばれる状況にありましたが、自分で何とか座位をとることができる方でした。残念ながら、二〇一四年二月一四日に逝去されました。

■発言二―13（八六頁、九一頁）

びっくりしたのは、それでもみんなが希望を失わなかったことです。なぜそんなに人間は強いのだろうとよくよく考えているうちに、私の障害と同じだということに気づきました。不思議でしたが、私たちも障害があるのに生きてゆけるのだから、被災地の人も生きてゆけるのだなと思いました。（二〇一一年四月二三日／中島裕美〈故人〉）

次の方は、話すことは困難ですが、自分でゆっくりと歩くことのできる女性です。このとき、特別支援学校の高等部を卒業して一年目でした。

■発言二―14（一四五頁、一七三頁）

私たちは障害があることでとても苦しんできたのでよく苦しみのいやなことがわかるけれど、私たちはどうにもならない悲しみもいつかはだんだん静まっていくことを知っているけれど、被災地の人たちはどうにもならない悲しみと闘っていて大変ですから何とかしてあげたいです。

（二〇一一年六月七日／小古間晴菜）

規模の大きさにおいて異なるとはいえ、その理不尽さにおいて共通なものと感じられた大震災と障害ですから、自分たちが理不尽な障害に向き合って見出してきたことのいくばくかは、被災地の人々に役立つことがあるかもしれないという思いがひしひしと伝わってくる言葉の数々です。

三．わずかな希望さえあれば人は生きてゆける

こうした大震災と自らの障害とを重ね合わせながら考えを深めていく中で、「理想」や「希望」「未来」という言葉が選び出されてきました。とくに頻出したのは「希望」ですが、それは、わずかな希望さえあれば人は生きてゆけるということを自分たちは自らの障害を通して見出してきたということであり、だから、その希望の原理は、必ずや被災地の人々にとってもあてはまるだろうという認識でした。

次の文章は、その知恵をとりわけ詳細に綴ったものです。

■発言二―3b（三八頁、四九頁）

理解を超えたできごとにただただ茫然としているだけですが、私たちはどうにもならないこ

とには慣れてはいるので、世間の人たちよりも人間の無力さはわかっているつもりです。私たちの私たちらしさは地震の前にはもろいものですが、私たちを何とかして理解してもらうためにはまだここでくじけてしまうわけにはいきませんが、私らしく生きていくためには私たちの私たちらしさをまたわずかな希望とともに語らなければなりません。

小さなものかもしれませんが、私たちのような存在はこの悲しみを乗り越えていくための何かヒントになるのではないかと思います。ランプのあかりが消えそうでもじっと忍耐していけば必ず光はさしてくるということです。何もできないけれど、こういう考えもあるということを今日は伝えたかったです。ぽおんと何かをほおったときに乱れた空気が生まれても、必ずまた静けさが訪れるということを信じています。ぞっとするくらい恐ろしいことでも必ず終わりがあることを私はよく知っているので、茫然とする日々にも必ず終わりがあることをじっと待ち続けたいと思います。涙はいつかかわくこともずっと経験してきたのでよくわかります。

（二〇一一年三月二九日）

彼女は、この文章を綴ったあと、七月に逝去されました。呼吸困難によるものとうかがいましたが、それは、息をするというもっとも基本的な生の営みの中でさえいのちがけだったことを意味しており、これまでも訪れた幾度とない危機を乗り越えることによってたどりついた一つの結論がここに語られているということでしょう。

なお、この文章に続けて「よい願い」と題する詩も残しています。

■発言二―3c（三八頁、四七頁）

〈よい願い〉

犠牲になった私の友よ
理解されずに未来は閉ざされ私はいつか私らしさをなくしかけた
だけどわずかな希望があるかぎり私は私を輝かせるために
わずかなあかりを頼りにしながら遠い未来に歩き出す
忘れたいのちを捨てないで呼んでみよう
きっと呼びかけにいのちは応えてくれるはず
人間ははかない存在だけど必ず小さな未来をもって人間の限界を越えていくはず
勇気さえあればどんな冒険でもできるだろう
自分の力の届くところのその向こう側にはどうしても行けないかもしれないけれど
私たちはあきらめない
私たちを自由ないのちとか有限ないのちとか考えるのではなく
来世の冒険に逃げることなく
いま与えられた現実から一歩でも歩み出すために

静かな昔と同じようにゆっくりとでいいから
しっかりと道を切り拓きながら進んでいこう
若い時代は長くはないが無難な道を歩くのではなく
道なき道を歩んでいこう
もう少しで光は射してくるはずだから　（二〇一一年三月二九日）

彼女が直接語りかけているのは、被災地の犠牲者ではなく、亡くなった友だちです。「犠牲」という言葉は障害の重い仲間の死に際して使われることがある表現で、運命に弄ばれるように亡くなっていく仲間たちのことが他人事に思えず、いつ自分にその順番が回ってきてもおかしくないという認識を通して、先に亡くなった仲間が犠牲になってくれたおかげで自分たちは生きていられるという感覚が生まれるところから使われる表現だと考えられます。その犠牲という言葉を媒介にして、この詩はそのまま東日本大震災の犠牲者の話へとつながっていると考えてもよいでしょう。

また、こうした希望の意味について、以下のようにいっそう明快な語り口も見られるようになりました。次の文章は、重症心身障害と言われる状況にある高校生のものです。

■発言二―15a（五三頁、一四〇頁）

僕には体に障害があるので、わずかな希望さえあればずっと忍耐できるということがわかっているので、勇気をまたもらいました。もう少しの辛抱だと思います。武器は勇気です。人間は強い生き物だということを僕たちが一番力強く証明していますから。（…）わずかな希望さえあれば人は生きてゆけると言ってテレビで訴えたいです。仲間はみんな同じ気持ちだと思いますが、確かに語り口が違うのかもしれませんね。そうです。僕たちは望んで障害を持ったわけではないからよくわかります。ごらんなさい僕たちをと言いたいです。僕たちも生きていられるのだから、みんな大丈夫だといいです。（二〇一一年四月二三日／甲斐田晃弘）

「テレビで訴えたい」というのは、この当時、ふだんのCMの代わりに、震災をめぐるさまざまなメッセージが流されていたりしたことを踏まえての発言ですが、「わずかな希望さえあれば人は生きてゆける」という言葉は、まさにこの大きな災害に対して自分たちの経験から言うことのできるものとして簡潔にまとめられた言葉だったと言えるでしょう。彼らは重い障害ゆえに、この大きな災害を前にして目に見えてできることは何もないけれども、自分たちだからこそ伝えられることがあるという強い思いがそこには表れていました。

四．救い

障害の重い人たちの多くが、大震災と自分たちの障害の経験と重ね合わせることの中から、希望さえあれば人は生きてゆけるという一つの原理を見出してきたことを述べてきましたが、最初は悲惨なことばかりであった現実の中に日を追うごとに少しずつ救いと呼べるできごとも見えてくるようになりました。ここでは、どのような事実が障害の重い人たちの心に救いをもたらしたかを見ていきたいと思います。

まず、最初の救いをもたらしたできごとに関わるものとして、三月から五月の初めにかけて語られた二人の言葉を紹介します。一人目は、肢体不自由の特別支援学校中学部の女子生徒、二人目は、この年の三月に肢体自由の特別支援学校高等部を卒業した一〇代の男性です。

■発言二―16

勇気づけられるのは全国の人たちが沈痛な思いを共有して祈りを捧げていることです。自分のことばかり普段は考えていても、人間はいざとなるとすごいと思いました。（二〇一一年三月三〇日／遠藤紗絵子）

■発言二―17

わずかな希望は地震のあとろうそくのあかりをともそうとして、日本中の人がわざわざよい心をたくさん被災地の人々に寄せようとしていることです。勇気づけられる人もたくさんいると思いますが、勇気だけでは悲しみは乗り越えられないと思うのでつらいです。（二〇一一年三

月三一日／内山豊〈故人〉）

最初に救いをもたらしたものは、日本中の人が「祈りを捧げ」たり「よい心をたくさん被災地の人々に寄せようとしてい」たりする姿でした。まだ、具体的な行動としては現れてはいない段階で、このあまりにも大きな悲しみを前に、まず、人々が心を懸命に砕いたということが最初の救いとなったのです。

そんな中、少しずつ、救いにつながる具体的な事実が生み出されてきました。それは、一つは、大きな悲しみや困難の中から被災地の人々が何とか立ち上がろうとする姿でした。

■発言二―15b（五〇頁、一四〇頁）

唯一の救いは、わずかであっても人々がもう一度立ち上がろうとしていることです。人間はすごいなと思いました。もう少しで生きる希望をなくしてしまうところでしたからわずかな希望が見つかってよかったです。（二〇一一年四月二三日／甲斐田晃弘）

さらに、三人の言葉を紹介します。初めの二人はすでに紹介しましたが、三人目の方も肢体不自由の特別支援学校を卒業した二〇代の女性です。

■発言二—6b（四一頁、一八一頁、一九三頁）

地震でたくさんの人たちが亡くなったことがとても悲しくて、なぜそんなことが起こったのかと考えているうちにがんばる気持ちがなくなりそうになってしまいそうでしたが、勇気が出たのはわずかな希望でも人々が立ち上がることができるという事実を目にしたからです。人間はどうしてそんなに強いのかと大変不思議な気持ちになりましたが、僕たちのことを考えると僕たちの障害も理不尽なものだけど小さい希望さえあれば生きてゆけるのは同じだということに気づきました。わずかな隙間を縫うようにして光が射すのは未来のことです。被災地の人がみんなで力を合わせて、いい空の下でどんな世界を作るのか、とても楽しみです。（二〇一一年四月二五日／藤村元気）

■発言二—7b（四一頁、九六頁）

でも泣きながらでも地震と津波から立ち上がろうとする人を見ていたら、わずかな希望を感じました。どんなにつらくても人間は生きる希望を失わないことが唯一の救いでした。

なぜなのかわからなくても、唯一の望みは勇気を人が失わないことです。なぜなのかはわからなくても、勇気さえあれば人は生きていくことができますから。まことの勇気さえあれば、わずかな希望さえあれば生きていけますから。（二〇一一年四月二五日／三瓶はるな）

■発言二―18

なぜなんだろうと私なりに考えてみましたが、とても難しくてわかりませんが、唯一の希望はみんながまた希望を胸にして立ち上がったことです。私はなかなか気持ちが言えなくて苦労してきたので苦しみについてたくさん考えてきましたが、よくわからなくなってしまいましたが、まるで私たちも津波の被害者のようなものなので、私たちも希望を大切に生きていこうと気づきました。（二〇一一年四月三〇日）

さらに、五月の中旬になると、救いにつながる事実が新たにつけ加わってきました。それは、具体的に全国から被災地に届けられる支援や被災地に向かう人々の姿でした。二人の言葉を紹介します。一人目は肢体不自由の特別支援学校を卒業して二年目の女性、二人目はすでに紹介した盲学校の高校生です。

■発言二―19

勇気をなくして悩んでいる人たちのことが人間としてとても気にかかっていましたが、少しずつみんな勇気を取り戻せてよかったです。みんなのことがとても心配でしたが、どうしても未来をもう一度取り戻してもらいたかったですから、よかったです。唯一の救いは、日本中の人々が団結して東北の人々を応援していることです。（二〇一一年五月二三日／唯野瞳）

■発言二―11b（四四頁）

びっくりしたのは人々が理想をけして失わずにまた立ち上がったことです。敏感な僕たちにはもうどうしようもないできごとのように感じられましたが、なんとか理想を取り戻せたということが驚きでした。みんなきっともう終わりだと感じたと思うのですが、ちゃんと立ち上がれたのはどんな状況でも人は支え合えるということがわかったからだと思います。地域の支え合いだけでなく全国の人々が支え合っているということがわかって、人々は立ち上がれたのだと思います。人間のすばらしさを思い知ることができてよかったです。地域の支え合いが僕たちにも必要です。地震から茫然としていたけれど、なかなか茫然としたところを抜け出せなかったけれど、何とか抜け出せそうです。（二〇一一年五月二三日／栗山翔太）

震災後、茫然と立ち尽くすしかなかったところから、自らの障害の体験と重ね合わせ、希望さえあれば人は生きてゆけるはずだということを再認識し、実際にそのことが日本中の人々の支えと被災地の人々の立ち上がる姿によって現実のものとなり、この悲惨な大災害に救いをもたらしていったという大きな事実は、また、詩という形式でもたくさん表現されました。

最初の詩は、町田市の障がい者青年学級の活動の中で書かれたものです。作者は、二〇歳の頃は自分で文章を書くこともできた方でしたが、進行性の障害ということで、しだいに言葉を話せなくなり、歩行も困難になってしまいました。言葉が話せなくなったのは認識面での障害も進んだためだという医学的な説明を私もそのまま信じてしまっていたのですが、二〇〇八年に障がい者青年学級にパソコンを持ち込んだ際、その言葉がまったく失われていないことに気づき、再びコミュニケーションが開かれたのでした。お母さんが亡くなったあと、町田市の施設で暮らしていたのですが、この詩を書いた半年後、医療的ケアが必要となり、他市の療養型の病院に移って、二〇二〇年五月に亡くなられました。その彼女の深い思いが綴られた詩です。

■発言二―20

いつも穏やかだった海が突然牙をむいて理想をすべて打ち砕いた
私は私の大切な生きる意味を失いそうになってしまったけれど
人々の立ち上がる姿に勇気づけられた
なぜだろう人は理想を打ち砕かれても再び立ち上がることができる
人間はなぜそんなに強いのか
私もこんな体で自分の気持ちさえうまく伝えることもできないけれど
私も勇気を持ってまた立ち上がっていこう
冒険をまた始めよう　（二〇一一年四月二四日／神野恵理〈故人〉）

次の詩もまた、町田市障がい者青年学級の活動の中で書かれました。子どもの頃は話ができていたけれど成長とともに話せなくなっていった方の作品です。ダウン症による障害がありますが、パソコンを通して豊かな言葉の世界を表現するようになりました。

■発言二―21（一〇六頁、一〇七頁）

津波よ
なぜおまえはすべてを奪っていったのか
忘れられないのは悲しみに泣き叫ぶ人の声
忘れられないのは子どもを亡くした母さんの泣き声
なぜおまえはそんなに残酷なのか
わずかの希望はどんな苦しみの中からでも人は立ち上がるということ
もし僕にも力があったらどんなことでもしてあげたい
もし僕に声が出せたなら理想を声高く叫びたい
僕の障害も津波のように
何でかという理由はわからないものだけど
僕も立ち上がろう
津波に負けない人間として　（二〇一一年四月二四日／永田宝作）

次の詩は、重症心身障害と呼ばれる状況にある二〇歳の女性のものです。震災の直後に予定されていた成人を祝うパーティーが五月に延期になったのですが、そのパーティーで朗読してもらうために書いた詩でした。

■発言二―22

〈春の東北路〉

春が今年はとても悲しい
わずかな希望に満たされた春を
今私はひとりこうしてただ涙と小さな小さな望みだけをいだいて
さいはての国に届くように静かな祈りをささげる
遠い遠いさいはての国には悲しみを癒す希望の呼び声が住んでいる
人間は何も知らないけれど自らをとてもいつくしむことができるだろう
東北路は今年はどんな春を迎えたのだろう
みんな悲しみに言葉をなくしていることだろう
みんな家族や友達をなくし茫然と春を迎えていることだろう
なぜ津波はあんなにも残酷な仕打ちを人間にしたのだろう

東北路に誰も知らないよい知らせがさいはての国から届けられた
それは桜の花びらに書かれた秘密の言葉だ
けっして希望は捨てないようにという呪文
それを受け取った東北の人はわかったはずだ
そして人々は立ち上がった　（二〇一一年五月二一日／岩切葵）

次の詩は、町田市障がい者青年学級の自閉症と言われる二〇代の男性の詩です。彼のお母さんは、関わっておられるＮＰＯの活動で、被災地に何度も足を運んでおられました。そして、この詩は、その際被災地の人にも届けられ、感動を呼んだとのことでした。

■発言二―23

津波よ　僕はわからない
わざわざ子どもを飲み込んで
わざわざ望みを打ち砕いて
おまえは何を望んだのか
ろうそくの火はもうどこにも見えないが
私たちは負けない

また私たちは立ち上がる
おまえが私たちの理想をすべて打ち砕くまで
だが私たちの理想はけして砕けることはない
私たちの理想は永遠に不滅だ　（二〇一一年六月一九日／衛藤一樹）

最後に、前にも紹介した重度のダウン症と呼ばれている方の俳句です。話すことや日常動作が困難ですが、高等部のときにパソコンを通して表現が可能になり、その後、自ら表現方法として俳句を選び取った方です。震災にまつわるたくさんの俳句の中からの抜粋です。

■発言二―5b（四〇頁、九二頁、九四頁）

眼差しを　高く掲げて　ほうる槍
夜の明け　船の漕ぐ音に　希望見え
ぶんどらず　分かち合う手に　明日見え
波と消え　残りし土台　また初め
望みを背　また立ち上がる　強き足
若者の　望みを持ちて　老夫立つ
老夫立ち　未来はなくて　明日を持つ

老女泣き　涙の果ての　りりしき目　（二〇一一年八月一七日／鈴木達也）

五．自然との共生と闘い

大震災は、ふだんは私たちにたくさんの恵みを与えてくれる自然が突然牙をむいてきたということや、原発の事故とそれに伴う電力事情の悪化などが、私たちに、自然と人間の関係について問い直しを迫ってきました。四月二三日に書かれた次の詩は、そのことを端的に表現したものです。座位をとったり、二つ並んだプッシュスイッチのいずれかに手を伸ばすことも可能な男性で、当時、二〇代後半でした。

■発言二―24

地震は何度となく人を不意打ちにしてきたけれど
人はいつも立ち上がってきた
ぶるぶるふるえながら人間の弱さをかみしめながら
理解できない苦しみも何度も乗り越えて
人は生き続けてきた
分相応で生きていれば自然に復讐されることもなかっただろう

しかし自然に任せていただけでは人は幸せをつかめないだろう
なぜならこの僕の障害も自然が与えたもの
自然にただ任せていたならば僕は生きることさえかなわなかった
自然と闘い続けながら時には自然に復讐されながら
僕はたくましく生きようと思う
だから地震で傷ついた人たちも
また望みを手に再び自然をこの手に従えて
たくましく立ち上がろう
小さな僕さえ自然と闘い続けてきたのだから
小さな人だって必ず闘い続けていけるだろう
懐かしい町並みをもう一度取り返して
勝ちどきを上げてまた夜の闇に明かりを灯し
賑やかな笑いを取り戻そう　(二〇一一年四月二三日)

これほど大きな災害は、人間の存在がいかに小さなものであるかを感じさせ、自然の脅威の前に人間は、跪《ひざまず》くしかないのかという思いにかられそうになります。そのとき、彼はそこに自分の障害の問題を対置しました。「僕の障害も自然が与えたもの」であり「自然にただ任せていたならば僕は生きることさえかなわなかった」ことを確認し、今一度自然を従えようと力強く呼びかけているのです。計画停電という耳慣れない言葉で節電をひたすら心がけ、大震災のショックの中でいつまで続くともしれない不安な思いの中で灯りの消えた町を見ていた頃だったので、この力強い言葉には、私は大変虚をつかれた思いがしましたが、これもまた、普段から障害について考え抜いてきたがゆえの深い認識だったにちがいありません。

さらに、七月二四日のこと、このような人間と自然の関係について、盲重複障害と呼ばれる四〇代の女性と二〇代の重症心身障害と呼ばれる女性が次のような対話をしました。

■発言二—25

〇〇さんの文明観について聞きたいです。自然と私たちの関係についてどんなふうに考えていますか。私は自然とただ共存するというのは間違いとは言わないけれど満足はいきません。なぜなら私たちは自然のままでは生きていけないからです。自然とは闘わざるをえないのが人間の宿命だと思いますから。（二〇一一年七月二四日／名古屋和泉〈故人〉）

■発言二—26

ランプの明かりを灯すためには、やはり自然とは闘わなくてはいけませんね。待てよと思うためには自然との共存は必要なことですが、理想はやはりうまくどう自然を従えていくかということだと思います。私たちは自然のままでは生きられないですから、自然と闘わないと生きられません。でも自然との共存もまた大切な考えだと思います。唯一の基準は人が望みを超えるほどの欲望を持っていないかどうかです。なかなか難しい問題ですが、よくまた考えてみたいです。（二〇一一年七月二四日）

「自然と闘わざるをえないのが人間の宿命だ」と考える女性からの問いかけでしたが、その問いに対して出された答えは「人が望みを超えるほどの欲望を持っていないかどうか」が自然を従える上での基準だろうという非常にバランスのとれた考えでした。お互いに申し合わせることなどないままに始まったやりとりで、とくに問いかけられたほうにとっては、突然の質問であったにもかかわらず、このような考えをきちんと述べられたのは、ふだんからさまざまな問題をきちんと考えているからに他なりません。

六．また取り残されたという思い

たくさんの悲しみをもたらした震災の中に見出した救いの中には、ふだん人々があまり声高に語らなかった理想が語られたということがありましたが、夏が過ぎ、社会がしだいに平穏を取り戻す中で、声高には理想の語られることのない元の社会が戻ってきて、自分たちはまた取り残されてしまったという思いが湧いてきたというのです。その一つ、町田市障がい者青年学級の四〇代後半の女性の言葉を紹介します。彼女は、ある程度会話の可能な方ですが、必ずしも意図通りの言葉を発することはできない方で、パソコンとスイッチで介助すれば、自由に気持ちを表現することができます。また、文章の内容についてこれでよいかと尋ねると、はっきりとうなずいて自分の気持ちにまちがいないことを表現できる方です。

■発言二―27（八四頁）

夏休みは津波のことばかり考えていました。なぜあんなにたくさんの人が亡くならなければいけなかったのか。私たちをまるでわからない日本中の人たちを、だんだん理解してくれそうな人たちに変えてくれそうな気がしていましたが、それは幻だったのかもしれません。でも人間としての煩悩を抱えながらゴンゴンと生きなければならない私たちにとっては夏までの日本人はとても素敵でした。よい心が人間には備わっているということがわかりました。（二〇一一年一一月二〇日／茂垣正子〈故人〉）

これは、例えば、四月二九日の次の文章と比較すれば明らかです。そこには、震災後の社会が変わったことが実感され、それは自分たちにも波及するものではないかという期待が描かれていたのでした。

■発言二―8b（四三頁）

小さくてもいいから希望の火がほしいです。みんなも今度のことでよい心が育ってきたので、ぜひ私たちにも明るい光が射してくることが願いです。（二〇一一年四月二九日／水澤陽子）

夏までの社会が特別に障害者に目を向けたというわけではなかったのですが、明らかにそれまで語られることの少なかった理想が堂々と語られる社会に変わっていきました。だから、きっと自分たちのことも違ったかたちでまなざしが向けられるということもあるのではないかという淡い期待が失われることによる失望でした。だから、震災以前の社会に比べて何かが失われてしまったというわけではなく、また、元の状況に戻ったということですが、そこに大きな失望を感じるほど、夏までの社会は違っていたと感じられたのです。

これには、これまでの常識に反して一人一人が本当は豊かな言葉の世界を内面にかかえて生きているということがようやく自分の周りで明らかになってきて、それを何とかして世の中に理解してもらいたいのですが、容易に理解が進まないというもどかしい思いを抱えた時期と震災が重なったということも関係しているのかもしれません。震災後の社会の中で、自分たちが言葉を持っていることもまた理解されるのではないかという期待がそこにはあったはずなのですが、そうはいかなかったということなのでしょう。

もちろん、彼らは、すでにこれまで耐えることには慣れてきました。だから、率直に自分たちのことについての失望は表現しましたが、絶望したわけではありません。わずかの希望さえあれば生きてゆけるという思いは彼らの基本的な認識だからです。

七．足手まといになること

ところで、大震災をめぐるさまざまな言葉の中で、ひときわ私たちに衝撃を与えたものがありました。それは、自分たちのような障害のある人間がこのような災害においてどのような立場に置かれるのかということをめぐって語られた言葉です。

最初の方は、ほとんど体を動かすことがむずかしい寝たきりの状態の熊本の女性で、当時二〇歳でした。ニュース等で自分たちのような存在を守ろうとして亡くなった人がいたことを知ったけれども、足手まといになるのがつらいというふうに語っています。そして、いつも自分のかたわらにいる祖母は自分を置いて逃げることはできないだろうけれど、祖母には逃げてほしいと語ったのです。

■発言二―28

私たちは生きる意味のことをいつも問われているので、今度の災害ではとてもつらかったのは、私たちのような子どもを守ろうとして亡くなった人がいたことです。私たちが足手まといになることはとてもつらいことでした。私はばあちゃんの足手まといにはなりたくないので、ばあちゃんは先に逃げてほしいですが、きっとばあちゃんは私から離れることはないでしょう。そんなことばかり考えていました。（二〇一一年八月二八日）

残念ながら、彼女は、この半年後、ご家族に見守られながらお亡くなりになりました。この、おばあちゃんに向けた最高の愛情に満ちた文章が、彼女の最後のまとまった言葉でした。

また、同じことが、ともに重い障害のある兄弟によって、さらに詳細に語られました。当時、兄は特別支援学校の高等部、弟は小学部に通っていました。まず最初に語ったのは、弟のほうでした。

■発言二—29

僕たちのような存在は津波のときには足手まといになってしまうので、そのことがとても気になっています。なぜなら僕たちのような存在を救おうとして何人もの人が亡くなったからです。僕の母さんもたぶんもっとも僕たちから離れられない人間なので、僕はそれを思うと胸が締め付けられる思いです。僕も兄も本当はどこにいても気持ちが通じているのでわかるのですが、僕たちは母さんには僕たちを置いて逃げてほしいです。僕たちは覚悟ができていますから。母さんが仮に僕たちを置いていっても、けっしてうらむどころか、逃げてくれてありがとうと思います。別れはいつかやってくるものですから。母さんだけには助かってほしいです。感謝の気持ちで僕たちは波にのまれることができますから。波にのまれるのは僕たちだけで十分ですから。きっとそんなできごともあったはずですから、どうにかして僕たちの気持ちを届けたいです。もしかしたら子どもを見殺しにしたと思って泣き続けている人がいたら、きっと感謝の気持ちで亡くなったと言ってあげたいです。泣くのはもうやめてくださいと言いたいです。

（二〇一一年九月二六日／白井晴都）

■発言二―30

まさか晴都がその話までするとは思わなかったけど、僕ももちろん同じ気持ちです。だまっておこうかと思いましたが、僕はそのことをずっと考えて眠れませんでした。僕たちのような存在でも犠牲になれることがあるとしたら、そういう場面しかないかもしれませんから、そんなことまで考えているとは誰も思わないでしょうね。だけど僕たちはみんな、ごらんなさい僕たちをという誇り高い生き方をしていますから、大丈夫です。（…）先生ぐらいですね、この話に驚かないのは。でもさすがに動揺は隠せませんでしたね。とても深い話をさせてもらえてありがとうございました。（二〇一一年九月二六日／白井照人）

「感謝の気持ちで僕たちは波にのまれることができ」るというような考えなど、まったく思いもよらないことだけに、私も「動揺は隠せませんでした」が、寝たきりで何もわかっていないとされている彼らにこうしたきわめて深い認識があることに、私は大きな感銘を覚えるとともに、実際に、子どもを助けることができずに泣き続けている人がいるかもしれないから、子どもはきっと感謝の気持ちで亡くなったと言ってあげてほしいという弟の言葉は、あまりにも深く、重い言葉でした。

さらに二人の方の言葉を紹介したいと思います。

■発言二―31

僕も目が不自由なのでもし津波が来たら逃げられないと思いますが、何度も考えたのは母のことです。もし僕のために母が逃げ遅れたらどうしようということです。僕は母にはなるべく逃げてほしいです。僕のために自分の人生を使い果たした母が僕のせいで亡くなるのは耐えられませんが、まなざしを見ていると申し訳ないのですが、僕を置いて逃げてほしいです。なぜなら僕が唯一母にできることはそれだけだからです。（二〇一一年一一月二〇日）

■発言二―32（一四三頁、二二二頁）

養護学校の生徒は逃げ遅れたと思いますが、きっとがんばって生き抜いたので感謝して亡くなったと思います。なぜなら僕たちはいつもそういう気持ちで生きているからです。誰かの足手まといになるのはいやなので、どこで何が起こっても僕たちは覚悟ができています。わずかな希望ですが仲間の気持ちを伝えてほしいです。なぜならきっと助けられずに泣いている母さんたちがいるはずだからです。そういう母さんたちに仲間はきっと感謝の気持ちで亡くなったということを伝えたいからです。(二〇一二年一月五日／廣瀬岳)

前者の方は、全盲で知的障害があるとされる四〇代の男性で町田市障がい者青年学級のメンバーでした。そして後者の方は、重度の肢体不自由があり、重い知的障害もあるとされてきた男性で、当時高校生でした。前者の方は、母親もすっかりご高齢になっており、後者の方は、すでに母親を亡くしています。そのような状況の中で綴られた母親というものに対する思いでした。

八．鎮魂

最後に、大震災のけっして癒えることのない悲しみに対して、鎮魂の祈りとして捧げられた言葉を紹介したいと思います。こうした鎮魂の祈りが言葉として語られたのは、夏以降でした。すでに述べたように、夏は一つの区切りとして多くの障害のある方に感じられていました。そして、そうした世の中がしだいに日常を回復しつつあるからこそ、あえて、容易には癒えることのない悲しみに今一度心を注ぎ、言葉を紡ぎ出したのでしょう。

最初に紹介する八月一三日の文章は、鎮魂そのものをテーマにしたものではありませんが、大震災によってもたらされてしまった数々の悲しみをずっと思い続ける中から生み出された不思議な祈りに満ちたファンタジーです。作者は、重い肢体不自由と知的障害があると言われ、かつ、全盲の二〇代の男性です。それにもかかわらず豊かな視覚的イメージに満ちた不思議な物語です。

■発言二―33（一八五頁）

〈小さい象はなぜ泣くの〉

立春の近づいたある冬の朝のこと、何ひとつ見えない道の上に不思議な象が立っていた。小さな象は道を遠く見つめて、雪にそまった野原に向かって、理想の声で勇気を出して叫び声をあげた。敏感な象の耳には、「なるべくならがんばって理想をかなえるように」と、「わざわざ森の奥から出てきたのだから」と声が聞こえた。なぜだろう。象にはやがて来る大きな災難が見えていた。唯一の救いは必ず人々は立ち上がるだろうということだ。

涙を流しながら象は自分のよい願いをがむしゃらに投げ出して、場末のわずかな花の蕾に息を吹きかけた。「夢にまで見た花よ、今年の春はとても悲しい春になるだろう。だから花よ。今年は涙を隠すように心を込めて咲いてくれ。がんばって咲けば、花に人々の悲しみは癒されるだろう。夏になればまた青い空が力を人々に与えるだろう。だからどうか美しく咲いてくれ」。

そう言って象は静かに涙を流してゆっくりと野原のかなたに消えて行った。（二〇一一年八月一三日／曽我晴信）

次の九月二日の詩は、まさに、犠牲になった人たちに捧げられた鎮魂の詩でした。夏が過ぎて世の中がしだいに元に戻っていくときに、改めて亡くなられた方のことを思ったものです。作者は重症心身障害と呼ばれる状況にある二〇代の男性です。

■発言二―34（二四〇頁、一七三頁、一七四頁、一九五頁）

〈犠牲になった人たちへ〉

唯一の願いを断たれてしまって
わずかな希望も消え去って
よい願いさえ流れ去って
みんな理想がちりぢりになって
ずっと罠に落ちた鳥のようになったことだろう
だけど残された人々はわずかなあかりをたよりに
わずかな人生をがんばろうとして
いずこにか愛が備わるように歩き出そうとしている
それだからこそ私たちは励まされる
罪のない子どももわずかな罪だけしか知らない大人も
みんな理不尽な津波によって流されてしまったけれど

未来はなぜかまた開けてきた
人々は未来をまた目ざし歩み始めたけれど
私たちはけっして忘れない
静かに犠牲になったまま沈黙の中にある人たちのことを
瑠璃色と灰色に変化を繰り返す海の波は静かに岸を洗い続けるが
その波の中に沈黙の声が眠っていることを
小さな平和で笑いを取り戻した私たちはけっして忘れはしない
真っ暗な夜の闇は私たちの前からまた姿を消したが
つらい別れの記憶はずっと夜の闇の中に残り続ける　（二〇一一年九月二日／大野剛資）

コラム◆きんこんの会

きんこんの会は、障害のために意思の表出に困難をかかえる当事者自身が介助つきコミュニケーションによって語り合う場として、二〇一〇年の春に発足し、それ以来、年に数回のペースで、國學院大學の横浜たまプラーザキャンパスで、開かれてきました。参加するメンバーの年齢も、就学前のお子さんから成人にまで及びます。広いスペースに輪になって、それぞれが筆談等の方法によってさまざまに意見を述べていきますが、その内容は個人的な思いから社会問題への意見など多岐にわたります。司会も当事者自身が行い、当事者だけが発言するという原則が貫かれています。

きんこんの会という名前は、自分たちの言葉を社会に鐘の音のように響かせようという意味で当事者によって名づけられました。シンボルマークも当事者によって描かれたものです。また、自分たちの会の立場を鮮明にするために、声明文も作られています（一三四頁参照）。

きんこんの会という語り合いの場を持つことで、当事者と社会の関係は変わったように思います。一人一人がばらばらなままなとき、社会は、対等に向き合えるものとは思いにくいでしょうが、仲間同士で意見を共有することにより、意識の中では社会と向き合うことができるようになるのではないでしょうか。社会の側では、きんこんの会という存在に気づいておらず、社会との対峙が現実のものとなっているわけではありませんが、意識の中で社会と向かい合うということにより、社会と対等に向き合った意見が生まれてくるようになるのです。きんこんの会の当事者は、いつでも現実の社会と向き合う準備はできています。本書で語られる意見はそういうことを背景にしていると言えるでしょう。

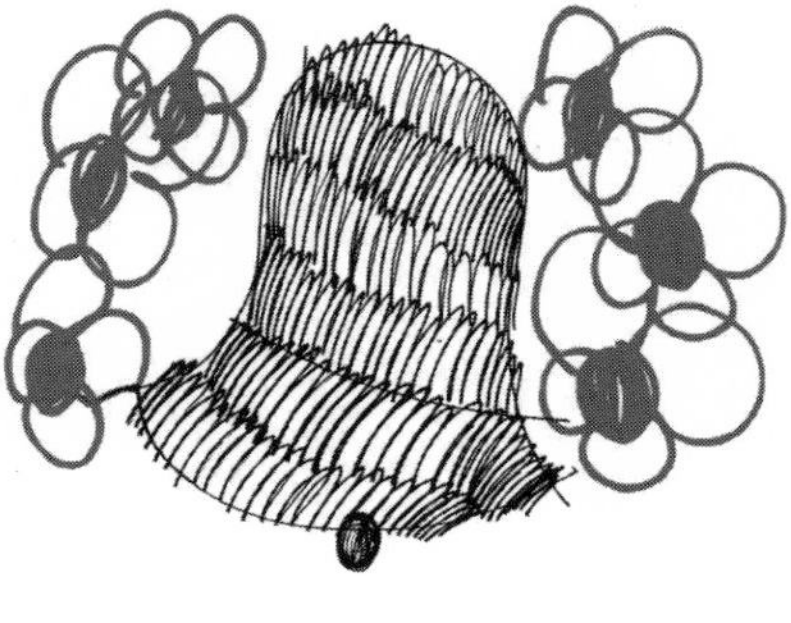

きんこんの会のシンボルマーク
（世田谷区 RAY〈玲〉・作）

第三章　新しい出生前診断について

一．新しい出生前診断の議論の始まり

母親の胎内に宿ったいのちに障害があるかないかを調べる出生前診断については、これまでも繰り返し議論されてきましたが、今回議論が湧き起こったのは、新しい検査方法が開発されたからです。これまでの検査に比べて簡単な血液検査ですむということと、その診断の確率が非常に高くなったということが新しさでした。このニュースは大手新聞社の朝刊を通して、二〇一二年の八月二九日の朝、日本中をかけめぐりました。大震災から一年と五か月後のことです。

出生前診断は、これまでにも話題になったことがあります。まず、その歴史を坂井律子さんの著作（坂井、二〇一三）を参考に確かめておきたいと思います。

今回の議論は、「第三の大波」にあたるとされており、過去に、二度、大きな議論になったことになります。

第一番目の波は一九七〇年代の議論にさかのぼります。背景に羊水検査による出生前診断が可能になったことがありました。当時の厚生省（現・厚生労働省）は一九七二年に、「中絶によって減りすぎた人口を増加させるために」優生保護法を改正しようとしましたが、その際、胎児に障害があれば中絶できるとする「胎児条項」を入れようとしたとのことです。目を疑うような記述ではありますが、当初問題になったのは、別に障害のある子どものことではなかったのです。しかし、中絶

の議論をするのであるならば、障害のある子どものことも法律に書き入れて、中絶できるようにしようとしたということでしょう。

しかし、その改正案は一九七四年に国会で廃案となります。そして、廃案に追い込む過程で大きな役割を果たしたのは、障害者の団体である「青い芝の会」を中心にした反対運動であったとされています（坂井、同、一七五〜一九六頁）。

第二番目の波は一九九〇年代で、新たに「母体血清マーカーテスト」が開発され、その使用を巡って議論が起こりました。しかしこのときは、厚生省の厚生科学審議会先端医療技術評価部会の中に設けられた出生前診断に関する専門委員会によって、「母体血清マーカーに関する見解」というものが出されました。そこには、「医師が妊婦に対して本検査の情報を積極的に知らせることはない」ことと「医師は本検査を勧めるべきでなく、企業等が本検査を勧める文書などを作ることは望ましくない」ことが述べられており、これによって、議論は一応の決着を見たとのことです。そして、その際、障害者の団体だけでなく、ダウン症の親たちの反対運動も議論の帰趨に影響を及ぼしたとのことでした（坂井、同、二〇一〜二一六頁）。

そして、今回の新型出生前診断の議論となります。今回の議論の違いは、かつての議論では国会や厚生省といった国レベルで下された判断が出生前診断の実施に対して一定の歯止めをかけるということがあったのに対し、そうした判断はどこからも示されることのないまま、事実だけが進行したことです。

二〇一三年一一月二二日には、「診断結果が陽性反応だった六七人のうち、その後の羊水検査などで陽性が確定した少なくとも五四人のうち五三人が中絶を選んでいたことが分かった」（二〇一三年一一月二二日付毎日新聞朝刊）という大変ショッキングなニュースが流れたのです。そして、こうした数値を伴った報道はその後も続きました。なお、イギリスで出版された『ダウン症をめぐる政治』という著作の日本語版に寄せられた著者キーロン・スミス自身の序文では、こうした日本での動向が海外ではどのように見られているかが示されています。すなわちその序文の末部に次のように記されているのです。「技術は進歩するほどに切迫した問いを投げかけてくる。出生前診断はなぜ、何のために実施されるのか。たとえばアイスランドだ。この国は史上初めてダウン症を根絶した国の一つである。この中絶率一〇〇％に次いで高いのが日本の九〇％だ（そしてイギリスもまたそれくらいの数値になる）」（スミス、二〇一八、一三頁）。

日本語版への序文という性格もあってこの数字の出所は明記されておらず正確さが担保されているわけではありませんが、このような認識がすでにイギリスに存在することに驚きを禁じえません。

現在、検査結果から胎児の障害が明らかになると、その後は、親などの自己決定に委ねられるというプロセスをたどります。私は、自己決定と言われながらも、限られた情報や、周囲の価値観に引きずられることが現実には少なくない障害の可能性のある胎児の選択的中絶を、野放図に自己決定に委ねるということには疑問を感じます。ですから、何らかの歯止めにあたるものを社会が用意する可能性については今後も探っていくべきであると考えていますが、やはり、自己決定をより正しい意味での自己決定に近づけていくために必要なことは何かを議論することが、非常に重要であると考えています。

上述したスミスの日本語版の序文をしめくくる文章は、「本書は反中絶の立場を広めようとするものではない。断じて違う。そうではなく、産むか産まないかをどうやって決定したらいいのか、その議論を呼び起こしていきたかったのだ」というものですが、これもまた同様のことを主張しているのだと思われます。

自己決定がより納得のいくものになるためには、より正確な情報が提供される必要があります。マイナスの情報は十分に流布されていますから、現状の情報の中でもプラスの方向性を持つ情報、例えば、ダウン症について言えば、その当事者や家族が「幸せ」と言ってよいであろう生き方をしている事実などが正しく伝わっていけば、不十分ないし誤った情報のもとでの決定は可能なかぎり避けられていくと考えています。そして、その指摘は、すでになされている通りです。

そして、それに加えて重要なのは、出生前診断をめぐる事態の推移を、当事者はどうとらえているのかということではないでしょうか。

ダウン症の当事者として日本で初めて大学に進学した岩元綾さんは、かねてより出生前診断に反対し（岩元、二〇〇八）、今回も改めて『生まれてこないほうがいい命なんてない』（岩元、二〇一四）を出版して異議を唱えています。また、それに先立つ二〇一三年三月二〇日、世界ダウン症の日に行われたスピーチがインターネット上に公開されていますが、その中でも明確に反対意見を述べています。

さらに、二〇一四年六月六日にＮＨＫで放映された「バリバラ」では、ダウン症当事者あべけん太さんが、出生前診断の問題点をインタビュー等のかたちで鋭く投げかけていました。このとき、あべさんは、通行人に出生前診断の是非を問う街頭インタビューを行ったのですが、マイクを向けられた人は誰一人として出生前診断を肯定しませんでした。これは、当事者にマイクをつきつけられると本当のことが言えなかったということかもしれませんが、このことは、次のようなことを意味しているとも言えるでしょう。すなわち、現状では、岩元さんやあべさんのように、当事者が議論の場に参加できるのは例外で、ほとんどダウン症者を排除して議論はなされているのですが、ダウン症の方々が同じ議論の場に立っていたら、もっと違う方向に議論は進むのではないかということです。別の言い方をすれば、この問題の当事者でもあるダウン症の方を排除して議論するということは、民主主義社会の根本の条件を無視したことであり、ダウン症の方々の人権を踏みにじることですが、そうした乱暴なことを行いながらこの議論は進められてきたということになります。

その上で、私たちは、もう一つの事実を社会につきつけなければなりません。それは、本書で一貫して主張し続けてきたように、すべての知的障害とされる人と同様、ダウン症の方々もまた、豊かな言葉の世界を有しているということです。

だから、以前にも増して私はこの検査のおかしさを訴えなくてはならないとの思いに駆られました。出生前診断の是非を根本から問うときには、ダウン症の方に発達の遅れがあるかないかということは関係ありません。しかし、世の中の人は、具体的にダウン症の人たちには知的障害があって判断能力がないということを前提に議論をしているからです。その誤りをかかえたままでは、この議論がまっとうに進むわけはないからです。

ただ、残念ながら、今回の出生前診断の議論は、恐ろしい勢いで障害のある子どもを生まないことが当たり前の社会へと日本を引っ張りはじめてしまいました。

ここでは、主として、知的障害の当事者の意見、中でもとりわけ標的にされているダウン症の当事者の意見を中心に紹介し、今、日本がいのちの問題について舵を切ろうとしている方向が、いかに誤ったものであるかを明らかにしたいと思います。

二 当事者の声

新しい出生前診断のニュースが日本中をかけめぐった直後から、当事者はこのことを問題にしはじめました。本章では、当事者の発言は、その発せられた時期が重要なので、日を追って紹介していくことにしたいと思います。

(1) 二〇一二年九月二日 町田市障がい者青年学級において

新しい出生前診断のニュースが新聞に載った四日後の九月二日、青年学級が開かれましたが、私の参加しているコースではこの新しい出生前診断のことが話題になりました。知的障害の当事者にとって、このことはきわめて重要な問題で、自分たちの存在を否定するものでしかないということが語られるとともに、自分たちの声が届かない無念さがあふれていました。

■発言三―1（六六頁）

やさしいAさんが心配です（Aさんはダウン症の方ですが、この頃、加齢とともに、いろいろなことができなくなっていました）。私は出生前診断には反対です。なぜならAさんたちは生まれないほうがいいという考え方だからです。小さいときからなつかしい言葉があります。それは「私たちはみんな同じ人間だ」という言葉です。なつかしい文字は「共生」です。なぜみんなわかってくれないのでしょうか。悔しいです。（茂垣正子〈故人〉）

■発言三―2

人間だからいのちにちがいはありません。がんばってきたのにまだ世の中には理解されないのですね。情けないです。まるで僕たちはいらない存在ですね。残念でなりません。

■発言三―3

誰にも気持ちがあるのだから生まれなくていいいのちなどありません。そんな簡単なことがまだわからないなんてとても悲しいです。私たちの人権はまだ守られていないということがよくわかりました。

■発言三―4

自分たちのいのちが冒瀆されているみたいで許せません。小さいときから私たちはよけいものと言われて寂しかったけど理解されないままですね。なぜあいかわらずわかってもらえないのでしょうか。

■発言三―5

ゆゆしい問題ですが、私たちはみんな同じ人間だと思うので悔しいです。小さいときからまったく変わっていませんね。わらをもすがる思いで敏感な人の意見を待っていました。びっくりしました。がんばったばかりなのにまったく理解されなくて。

発言三―1の中にあった「なつかしい言葉は『みんな同じ人間だ』」「なつかしい文字は『共生』」という発言は、このときはまだ私には実感がありませんでした。しかし、その後、議論が繰り返される中で、確かに、これまで何度も繰り返されてきたはずの「同じ人間」という言葉や「共生」という言葉が、出生前診断の話となるとほとんど語られることはなかったのです。

（2）二〇一二年九月一五日

その二週間後、九月一五日に開かれた北区の自主グループの会では、二人の方がこのことを語りました。最初に語った女性は、訪れたときから、表情もいつもとまったく異なり、ただ一点のみを見つめるようなまなざしをして、笑顔もまったく消えていました。

■発言三―6a（四六頁、九一頁）

ランプのあかりがまた消えた
私は悲しみとともに祈り続ける
ランプのあかりは東北を照らしたかに見えたが
またランプは消えてしまった
未来につながるあかりだったのに
ランプのあかりよどこにいった
私の心にわずかにともるランプのあかりさえ
もうとてもその光は失われてしまいそうな
消えそうなものになってしまった
わずかな希望はあかりの長い残り火は

被災地の人々の心の中で
こっそりとまたともる日を待っていることだ
勇気がほしい
私の中にともったランプがまたともるように
闘い続ける勇気がほしい

ついにランプの火が消えたと思ったのは、ついに私は生まれるべき存在ではないとそういう世論が形作られてしまったからです。震災では私たちの存在も同じいのちだという世論ができそうだったのに、ばかばかしい議論が平然とされ本当に絶望しています。〈中島裕美〈故人〉〉

なお、彼女は、一年半後に二八歳の若さで亡くなりました。

この中で、彼女は第二章で述べたように〈発言二―13〈四六頁〉〉、大きな悲劇の中で見えた一条のあかりのことを思い起こしています。そのとき、「私たちの存在も同じいのちだという世論ができそうだった」と感じていたのですが、この出生前診断の議論によってそれはいとも簡単に吹き飛ばされてしまったと言うのです。

すでに「第二章　東日本大震災に思う」で、あの大きな悲劇の中で、いのちの大切さが再認識されたことが救いであったと語った言葉をいくつも紹介してきましたが、ここで、当時の空気を語るある一つのエピソードを紹介しておきましょう。

それは、日本ユニセフ協会が作った「ハッピーバースデイ3・11」という映像のことです（並河、小林、二〇一二）。その映像は、震災の当日生まれた一一人の赤ちゃんの写真をもとに構成された三分ほどのものですが、放映当時、大きな反響を呼びました。この映像の最初に映っているお子さんはダウン症のお子さんです。しかし、その障害について、制作者はいっさいふれておりませんし、また、大きな話題になった映像ですが、私の知るかぎりでは、インターネット上でもそのことにふれられることはありませんでした。このことは、この映像が話題になった二〇一一年秋の日本には、ダウン症の子どもをあえて障害のある別のいのちとする視点はなく、ともに同じいのちと感じる感性が存在していたことを、象徴的に表しているように私には感じられました。

なおこのお子さんは、震災から三年後の二〇一四年春にＮＨＫで放映された「あの日生まれた命」というドキュメンタリーに登場します。この頃には、もう新しい出生前診断の議論は沸騰していましたが、今度は、このお子さんがダウン症であることは前提として紹介されており、ご両親は、そのお子さんの素晴らしさを語るとともに、お父さんが勤務する介護施設で、このお子さんが高齢の利用者の方々に喜びをもたらしている姿も放映されました。私には、ご両親が、出生前診断の結果、多くの子どもたちのいのちが闇に消えていくことに痛みを感じない社会に対して、静かな抗議の意志を発しているように感じられました。そして、また、同時に感じたことは、この映像は悩んだ末、子どもを生まない選択をせざるをえなかった母親たちには、とてもつらい映像になったのではないかということでした。

震災の際にこんなエピソードが残されています（萩尾、二〇一二、二〇五～二〇六頁）。

鈍色の冬雲の間から青空がのぞいた二〇一一年三月一一日午後三時一五分すぎ、岩手県の大船渡湾に臨む公園で志田由紀さん（四九）はダウン症の障害を抱える長女名津紀さん（二七）と一緒に、母満代さんが（享年七四）が逝った海に花束を手向けた。

あの日の同じ時間帯、襲いかかる津波を自宅の玄関で見た母は、エンジンをかけた車の中で待つ父と妹と名津紀さんに「オラはいいがら行げ！　生ぎろよ！」と叫び、車が走り出したのを見届けるように「万歳」をして波にのまれた。

その後の由紀さんのさまざまな重い心の葛藤も同時に記されていて、このことをあたかも美談であるかのように簡単に紹介するのは、必ずしも適切とは言えないかもしれませんが、どうしても忘れることのできないエピソードです。その後、由紀さん、名津紀さん親子の姿をＮＨＫのドキュメンタリーで拝見したことがありました。名津紀さんがまだ深い悲しみの中にある姿に胸が痛みました。

東日本大震災では、このように、いのちの問題が真摯に語られていました。そのことと、出生前診断におけるいのちの軽視の議論とのギャップを、**発言三―６**の女性は言いたかったのだと思います。
次の発言は男性の方です。

■発言三―7

許しがたいのは誰一人僕たちの意見を聞こうとしないことです。なぜ車イスの話せる障害者みたいな人でいいから話させないのでしょうか。びっくりしたのは、何も知らない人が人間としての存在を否定した言葉を言っても、否定する人がいないことです。ダウン症の仲間も同じ人間だと思うのに、もうみんなこの世の中では生きられないと悲しんでいることでしょう。小さい人間だって人間です。なぜどうして人間として生きられないのでしょうか。

彼の疑問は、私も同じでした。いっせいにさまざまなマスコミがこのニュースを報じる中に、障害者の発言がほとんど出てこないことと、このことを論ずる人の中に堂々とこれを否定する人がいないことも大変不思議でした。障害者に意見を求めれば、それは今生きている障害者の否定につながるということを必ず誰か明確に語ったでしょう。また、このことにふだんから反対している人も大勢いたはずなのに、その方々の声も小さなものに私には感じられました。

ところで、発言三―6の女性は、三か月後の一二月二二日に次のような言葉を残しています。

■発言三―6b（四六頁、八六頁）

ランプのあかりが消えてしまったとこの間は書きましたが、なぜかなかなか世の中には伝わりませんね。誰も私たちの言葉を取り上げてくれないけれど、私たちは私たちらしさを大切にしているのでこのぐらいでめげていてはいけませんね。ところで許せない状況に変わりはないのですが、私たちを守ろうという人たちの意見も私のところまで届くようになりました。わずかなあかりですが大事にしたいです。私たちを守ろうとしてくれる人は勇気を出して発言してくれています。私たちにとってはとても救われることでした。私にとってはわんわん泣き出してしまいたいようなできごとですが、満足はいかないけれどただ一つの救いです。（中島裕美〈故人〉）

おそらくマスコミの大きな声とはちがって、彼女の周りで、しかも、九月の彼女の言葉を聞いた方の何人かが、直接語りかけたのだと思います。彼女は、最期まで多くの理解者に囲まれていましたから。

（3）二〇一二年九月二二日　ダウン症当事者の声

今回の出生前診断であからさまに標的になっていたダウン症の当事者の方の言葉を聞いたのは、九月二二日のことです。震災のときに俳句を聞かせてくれた方ですが、ダウン症の当事者として、彼は怒りを隠しませんでした。悲痛な思いが文章と俳句で綴られています。

■発言三—8a（四〇頁、六一頁、九四頁）

わずかなあかりが見えた震災からまだ何年も経っていないというのに何と情けない国になってしまったのだろう。僕たちダウン症の子どもはもう生まれないほうがいいという議論が堂々とまかり通ってしまって、もう僕たちは生きる権利がなくなってしまったも同然だ。よい意見に聞こえるものだって、かわいそうな子どもたちという理解の上に語られているものだから、僕たちにとっては同じことだ。それになぜ僕たちのことばかり言われなければならないのだろうか。僕たち障害者の中でもなぜダウン症のことばかりが取りざたされるのだろう。もう僕たちには生きる場所さえなくなりそうだ。なぜならもう僕たちはもう少しでただの甲斐性なしのお荷物だということになってしまうだけで、もう同じ人間だということが誰にも語られなくなってしまうだろう。だから僕は人間としての希望をなくしかけた。だけど僕にも人間としての尊厳がある。長い間、話すこともできないまま人間として認められる日を待ち続けてきたけれど、ようやくそれがかなったと思ったとたんにこの騒ぎだ。僕たちの仲間が毎日殺されているという事実がたまらない。涙を流しても流し尽くせない悲しみが僕を襲っている。わずかな希望は、こうして僕の思いが聞き取ってもらえたことだ。敏感な仲間たちはみんなとても悲しんでいる。そして僕は存分に叫びたい。僕も同じ人間だと。

誰を没　誰を生かすと　悲しき世
忘れられ　葬り去られる　わが仲間
わが仲間　生まれることなく　涙する
未来消え　生まれるべきでは　ないという
ばかばかし　微力なわれも　抗議する
夏の行き　理想の消えて　緑枯れ
わずかな理　われらも同じ　人間さ
わずかな身　理想なくして　ひとり泣く
夢も消え　わずかともりし　灯も消えぬ
よい報せ　届かず船は　座礁せり
地の果てに　追いやるごとき　世論燃ゆ
理が勝てず　現実を見よと　空しき日
理の立たぬ　悶々とした日　夜深し
わだかまる　人間の違いが　否定され
名前さえ　呼ばれず返事を　することもなし
僕の名は　ダウン症かと　見まがう日

わずかな日　われを守れり　夏行きぬ　（鈴木達也）

彼はさらに半年後の二〇一三年三月一六日、次のような文章と俳句を聞かせてくれました。

■発言三―8b（四〇頁、六一頁、九二頁）

小さい願いですが、何とかして僕たちのことについて理解を深めてもらって、もっと僕たちが生きやすい社会にしてほしいです。いちばんに言いたいのは出生前診断をやめてほしいということですが、なんとかならないのでしょうか。人生を生きるのは何度も苦難を乗り越えていくことなので、もっと障害を僕はプラスにとらえていいのではないかと思います。人間というものに対する理解がおかしいと思います。

はがゆき音　われらをほかす　冷たき目
小さき穂　摘みとられるなら　実はならず
人間と　存分に呼ばれる　世は遠し
ぬくもりが　僕を過ぎゆく　強さ残し
よい報せ　届かぬ朝に　わずかな日
わずかな日　射す今日の朝　永遠に

人間に　理想を吹き込む　息はどこ
つらい輪に　はいれず一人　野をさまよう
ろうそくの　火をもう一度　夜の闇
分相応　輪の外にいて　指くわえ
理想絶え　緑も枯れた　冬の野に
わずかに身　ひとつを携え　われ立てり
ずんずんと　雪を積もらせ　夜は更け
わだかまる　心は厳に　冷えゆけり
ずんずんと　降り積もる雪　無を滅ず
人間と　呼ばれぬ身には　罪な時
人間として　瑠璃色の　空仰ぐ
わずかな理　われらにはあり　強く立つ
わずかな目　心に届き　涙落つ
ぬくもりを　感じながらも　冷たき背
ぶんどらぬ　われらから　なぜ奪う
理想絶えし　人間はこれから　どこへ行く
むずかしき　議論に耐えて　理想持つ

ぶんどらぬ　われらはただ　理想持つ
敏感な　心に傷が　増えし日々　（鈴木達也）

（4）二〇一二年九月二四日　二人の女性の声

ダウン症の当事者から出生前診断をめぐる最初の思いを聞いた二日後、二〇代の二人の女性が気持ちを語りました。

■発言三—9（四一頁、五四頁）

なぜこんな世の中になってしまったのだろうか。私たちにはどうしても納得いかないのは、私たち当事者の意見がいっこうに聞こえてこないことです。なぜ私たちの声を聞こうとしないのでしょうか。ばかにされているだけでなく無視されているのがつらいです。私たちの声を聞かずにいろいろなことが決められていくのがとてもつらいです。なぜなのかと考えているうちに、私たちの声をいったん聞いたら何も言えなくなってしまうからだということがわかってきました。無意識かどうかはわかりませんが、もっと真正面から私たちの思いを受け止めてほしいです。理解されないだけでなく排除だけはとても悲しいです。私たちはあってはならない存在だということがとてもわかって悲しかったです。なぜ私たちは生きる権利さえ認められないのでしょうか。悔しいですが私たちの声を届けたいです。きんこんの会（七六頁参照）で声明

（一三四頁参照）が出したいです。黙ったまま何も語らない存在として消されていくのはとてもつらいです。なぜなら私たちも同じ人間だからです。理解されない苦しみよりも排除されるほうがもっとつらいです。自分も染色体異常の一種だから自分には今回のことは他人事ではありません。誰がつらいかということが私たちにはよくわかっています。それは母親たちです。世の中はもう私たちを無視して私たちの生まれたことを間違いだったと言っています。母は間違ったことをした人たちだということになろうとしています。私たちはそれも耐えられません。敏感な母たちは秘かに泣いていることでしょう。私たちはこうして訴えることができるからいいのだけど、何も言えない仲間は何も言えずに苦しんでいます。いつか私たちが世の中に出たとき、このことは必ず訴えたいと思います。（三瓶はるな）

彼女は、自分たちに出生前診断について意見を求めたら答えは決まっていて何も言えなくなるから無視しているのではないか、という考えを述べています。人々は、当事者に尋ねることを忘れているのか、あえて無視しているのか、わかりませんが、当事者の意見を本当に取り上げたなら、当事者がいやと言っているものにあえて反対して行うかどうかという議論になるわけですから、議論の様子は大きく変わらざるをえないでしょう。

「理解されない苦しみよりも排除されるほうがもっとつらい」という言葉も、現在の状況に対する厳しい批判です。当事者からすれば明らかな排除ですが、そのことを誰もあえて語らないのは、知的障害がある人にはこうした議論に参加する能力がないからだという考えが先にあるのだと思います。これは、出生前診断に反対を唱えている専門家や知識人にもあてはまると思われます。そうでなければ、まず当事者に聞いてみたらという意見がもっと語られてもよいはずですから。

次も、染色体の異常があると考えられている方の意見になります。

■発言三—10

がんばって私たちは自分たちの意見を語ってきたけれど、今度のことでは理解されないどころか私たちを排除する意見がまかり通っていて、私たちはもう生きる望みをなくしてしまいそうです。勇気を出して言いたいことは、私たちにも生きる権利があるということです。もう手遅れなのでしょうか。私も確か染色体に関して異常があるはずなので今度の話は他人事ではありません。なぜ私たちは生まれてきてはいけない存在にされてしまうのでしょうか。唯一の救いは、私たちは話せるようになったのでこうしてじかに抗議ができることです。話すこともできないままに存在を否定されるままに甘んじている仲間が悲しいです。なぜみんな生きる権利を否定されなければいけないのでしょうか。私はそのことを今度のきんこんの会では主張したいと思います。(伊藤柚月)

この方も、嘆きや怒りというところにとどまらず、明確な抗議の意志を表明しています。

(5) 二〇一二年一〇月一五日

一〇月一五日には、重症心身障害と言われる三〇代の女性が次のような意見を述べました。

■発言三―11 (四五頁)

私は生まれてこないでいいようないのちなんてないと思っていますが、世の中の人はなぜそのことを語らないのでしょうか。ずっと私は言葉の理解がむずかしいのでわかっていない子どもと言われて育ってきました。しかしそんな私たちでさえ同じ人間として喉から手が出るほどのことでしたが、冒険ができる自由がほしいと願って生きてきました。私はそういうふうに見られていても必ず同じいのちだからと守ってくれる人に支えられて生きることができました。だから迷惑だと思う人もたくさんいるのはわかりますが、私は迷惑などいのちを選ぶ理由にはならないと思います。いのちが同じだという言葉さえ語られないのは絶対におかしいと思います。なつかしいです。何もわからないと思われているにもかかわらず、同じいのちだと言ってくれた人がたくさんいた昔が。そんなどうでもいいいのちにさえ重きを置こうとしてくれた理想の時代はもう来ないのでしょうか。私にも言葉が理解できているということが理解されたにもかかわらず、世の中はまだその事実に無関心でただ障害という理由だけで私たちを亡き者にしようとしているなんて許せません。私は言葉にかかわらず人間です。そういう言葉にかかわらずという考えは理想論と片づける人もいるかもしれませんが、現実論として言いたいのは世の中の人たちが亡き者にしようとしているいのちは世の中の人の思惑とは異なりみんな普通に言葉を理解しているということなのです。ここに二つの過ちが存在しているということがわかります。私たちの声をもっと聞いてください。（井上神恵）

彼女は、言葉の理解がむずかしいと思われていた時代でさえ、同じいのちだと言ってくれる人に守られてきたと語るとともに、そういう理想を語る人は昔のほうがたくさんいたという実感を述べています。言葉の理解ができるかできないかにかかわらず、同じいのちだという考えが、この出生前診断について考えるときにもっとも根本的なものです。そして、出生前診断に賛成する人たちは、例えば言葉の理解のことも含めて障害ゆえにこのいのちは生まれないほうがよいいのちと区別しているわけですが、彼女は、そのことは根本的にあやまちだと考えるけれども、現実論としては亡き者にされようとしている人たちが常識に反して普通に言葉を理解しているのだから、決定的な事実誤認があると言っていることになります。理念のレベルでのあやまちと現実のレベルでのあやまちと二重に存在しているというわけです。

今回の議論で小さい声ながら私に課せられている使命は、この現実のレベルでのあやまちを正すことにあると思っています。理念のレベルのあやまちを正すことはもちろん大切ですが、それはこれまで出生前診断をめぐって長い年月をかけて議論されてきた経過の中で、多くの人がきちんと語ってきたものです。しかし、もう一つ忘れ去られている大事なことは、出生前診断を通して存在を否定されようとしている人たちは実は、普通に言葉を理解している人だということです。もちろん私たちは、仮に言葉を理解していない人がいたとしても、そのいのちは同じいのちだと考えるべきだと思っていますが、ここにさまざまな考えがありうることはわかっています。しかし、その一つ高いレベルの前に、その手前の現実のレベルで、人々が事実を見誤っていると言えるからです。

かつて、言葉がないとされてきた自分をも同じいのちだと言う人がいたのに、なぜ、今それを言う人がいないのかという切実な気持ちが綴られています。また、「迷惑などいのちを選ぶ理由にはならない」という言葉も核心をついたものでしょう。理想論と現実論の両面からこの問題をつくという語り方は、大変説得力のあるものでした。

(6) 二〇一二年一一月一八日　町田市障がい者青年学級において

青年学級の私が参加しているコースでは、再び出生前診断の議論になりました。以下は、パソコンで書かれた言葉です。

■発言三―12

気持ちがあるのにわかってもらえず、僕はなんども泣きたくなった。だけど僕らも人間だ。未来はろうそくのあかりのように光り輝いている。だからみんなで叫んでみよう、僕たちもおなじ人間だと。

■発言三―13

地震のときにがんばったのにもうみんな忘れてしまったのか。理解されたと思ったのはつかのまのことだった。人間としての最低の尊厳さえなくなったこの世の中は望みさえなくなった暗闇の世界だ。敏感な人にはどうしても生きていてはいけないという声が聞こえてしまう。だから僕たちは人間としての絶望から立ち上がるために、もう一度理想をどうにかして訴えなくてはならない。

■発言三―14

知らないうちに未来が閉ざされてしまった。僕たちは理解されないだけでなく生きていてはいけないということになってしまいそうだ。理解される世の中だけでも大変なのに、よいいのちと悪いいのちという区別をなくすことはもっとむずかしいことだ。

■発言三―15

小さい涙がすっと流れた。みんなを亡き者にするという、人間としての尊厳をふみにじってしまう冷たい言葉に。人生を否定されたわれわれが生きてゆける場所はもうどこにもなくなりそうだ。

■発言三―16

人間としてのみんなの尊厳をごんごんと湧き出ずる清水のように訴えていかなくてはならない。私たちを亡き者にしようとする社会は誰もがわかりあっていける社会の否定だ。もうじき夜明けがくると思っていたけれど夜明けはまだどこにもその気配さえ見られなくなった。

■発言三―17

人間としてのわだかまりがやっととけそうなのにまたつきおとされた感じです。わだかまりをなくしたいです。理想をなんとかしてとりもどしたいです。人間としてのわなにおちてはいけないと思います。理想を高くかかげよう。理想を強くかかげよう。

みんな、自分の問題としてこのことをとらえていることがよくわかります。

そして、この議論のあいだ中、机につっぷしてまるで寝ているように見えたダウン症当事者の三〇代の女性がいました。しかし、彼女が寝ているはずはありません。会話もスムーズにこなせる方なので、意見を求めましたが、「私は別にいい」と言うので、もしかしたら言いづらいのではないかと思い、パソコンで書きますかと尋ねると、はっきりうなずいたのです。彼女にパソコンで話をしていただくのは初めてでしたが、こんな文章を書きました。

■発言三―18

私はダウン症なので今回のことではとてもつらい思いをしました。なぜならもう生まれないほうがいいと言われたような気がしたからです。でも私たちもおなじ人間だということをもっと大きな声で叫びたいです。小さいときからもんもんとしてきましたが、私たちを亡き者にしたいというのは許せません。だから私は勇気を出して言いたいです。私たちもおなじ人間だと。おんなじ空気をすっておなじ水をのむおなじ人間ということを。おんなじ血がからだに流れているおなじ人間なのだと。人間という言葉がこれ以上壊されないように。

口頭では意見を述べなかった彼女ですが、いったんこの文章を書いてからは、これを堂々とみなの前で読み上げるようになりました。一月後のクリスマス会では、全体の前でこれを力強く読み上げたのですが、会場のホールが静まりかえって、仲間たちはみんな深い共感をもってこの言葉を受け止めました。

なお、これらの言葉をまとめて「みんなのいのち」という歌ができました。歌詞は以下の通りです。

小さい涙がすっとほほを静かに流れた

みんなを亡き者にするという冷たい言葉を聞いて
われわれが生きてゆける場所はもうどこにもなくなりそうだ
もうじき夜明けが来ると思っていたけれど
どこにもその気配さえ見られなくなった
人間としてみんなの尊厳をごんごんと湧き出ずる清水のように
訴えていかなくてはならない　未来に向かって

どんないのちも平等だ　そんな言葉がなつかしい
震災のときのやさしさをもうみんな忘れてしまったの
小さいときから僕は差別に口をふさいできたけれど
もう黙ってはいられない　僕たちの声を届けよう
おんなじ空気をすっておんなじ水を飲み
おんなじ血が流れているおんなじ人間だ
人間という言葉がこれ以上壊されないように

(7) 二〇一二年一一月一八日　母の死を越えて

町田市障がい者青年学級に通う四〇代のダウン症の男性の言葉を聞きました。八月にお母さんを亡くされたのですが、最後はお母さんと二人暮らしでしたから、今後が大変心配でした。しかし、お母さんは、青年学級にだけは通えるようにしてあげたいと遺言のようにおっしゃっていたとのことで、弟さんの取り計らいで、何とか町田市内のグループホームにとどまることができました。九月、一〇月とお会いすることができなかったのですが、一一月、元気に青年学級にいらっしゃいました。学級のあとのお茶会の席で、パソコンでその言葉を聞いたところ、まず、お母さんのことについてこう書きました。

■発言三—19a（五八頁、一〇七頁）

ぎちぎちの気持ちで生きてきましたから、母さんの晩年に喜びを与えることができてよかったです。小さいときからどうにもならないことばかりで、わざわざ誰も僕たちに言葉があるとは思ってもくれなかったので、理想的な方法に出会えてよかったです。わざわざ僕を理解しようとしてくれた青年学級の人たちは本当によい人たちだと母さんはごんごんと言っていました。人間として認めてくれたこの青年学級を絶対に続けられるようにと母さんは遺言をしてくれました。だから何とかなったけれど、Ｙさんが出ていったあとというのが悲しかったです。（永田宝作）

最初に、彼がパソコンで綴った言葉をお見せしたとき、お母さんはその文章をいとおしむようにごらんくださって、「私は息子の本当の気持ちが聞きたかったから」と言って心から喜んでくださいました。そして、若葉とそよ風のハーモニーコンサート（一一二頁参照）では、彼がステージ上で実際にスイッチ操作をしながら気持ちを語ったときは、大変喜んでくださり、「誰が何を言おうが私はかまいませんから」ともおっしゃってくださっていました。

毎回、青年学級の帰りのお迎えに来てくださっていて、慈愛に満ちたまなざしを彼に向けながら、ごあいさつくださったお母さんの笑顔は忘れることができません。

Yさんとは、同じく青年学級に通ってきたメンバーですが、彼女がいろいろな事情でグループホームを出て、遠い施設に入ることになってあきが出たので彼が入ることができたことをめぐる気持ちです。地域で生きることのむずかしさを思い知らされるできごとでもありました。

彼は、続けて、昨今の出生前診断をめぐる議論についても気持ちを述べました。

■発言三―19b（五八頁、一〇六頁）

わざわざ人間であることを否定するなんて不思議ですが、私たちも人間なのだから人間として見られたいですが、よい存在としていろいろ紹介されることも少ない中、ダウン症の人の問題だけが取りざたされるのはつらいです。人間だから絶対に許すことはできません。ごらんなさい、僕たちはこうして誇り高く生きていますという言葉をわかそよ（「若葉とそよ風のハーモニーコンサート」のこと。一一二頁参照）で言いたいです。（永田宝作）

彼とお会いしてから、もう三〇年以上の時間が流れ、たくさんの思い出ができました。それらは、かけがえのない宝物です。お母さんとの間には、その何百倍もの思い出があったことでしょう。出生前診断を当たり前のこととして語る世の中の人々にも、こうした宝物のことを何とかして伝えられたらと祈るばかりです。

(8) 二〇一二年一二月一三日　ダウン症当事者の少女の言葉

ダウン症の当事者である一〇代の少女が次のような文章を綴りました。悲痛な叫びと言ってよいでしょう。

■発言三―20a（一一〇頁）

犠牲的な話にとても胸が痛んでいます。小さいながら私たちは私たちらしく生きているのですが、理解できないようなことが起こっています。利害しか考えない人たちは私たちは生きていないほうがいいと言いはじめました。理想は私たちも同じ人間だということなのですが、私は冒険をする勇気がなくなってしまいました。人間として認められる日も近いと喜んでいたのもつかの間のことでした。わだかまりはなくなりません。わずかな希望は私たちにも何でも理解できる心があるということを伝えるやり方が見つかったことです。人間だから平等なはずなのに本当に許せません。小さい頃から何もわからないと言われてばかにされていたけれど、人間なのだから私は大きな声で叫びたいです。みんな同じいのちなんだと。人間として私たちは平等なのだから本当に許せないです。ぞっとするような言葉がたくさんテレビから聞こえてきて私はとても胸を痛めてきたけれど、ぞっとしているだけでは何も変わらないので、どうにかして訴えたいと思っていました。小さい頃からの夢がかなって本当にうれしかったけれど、こんなことを書かなくてはいけないのが悲しいです。黙ったまま言われっぱなしは耐えられません。どうにかしてランプのあかりがともるようがんばりたいと思います。がんばる気持ちがようやく湧いてきました。自分たちの意見をどうにかしてマスコミに届けたいです。私たちも同じ人間だと。（池田歌奈）

沈痛な面持ちで語りはじめた彼女でしたが、内容の重さにもかかわらず、少しずつ眼が澄み切ってゆき、語り終えたときには、安堵の表情を浮かべていました。

一〇代の少女の胸を、社会がよってたかって苦しめている、この日本で起こっているのは、そういうできごとだと言わざるをえません。出生前診断をめぐる議論は、この少女の悲しみを知った上でなされなければいけないと思います。今、マスコミなどは、こうした少女の悲しみに、あえて耳をふさごうとしているようにさえ私には思われてきますが、これもまた、こうした彼女たちの声に、正しい意味での「市民権」が与えられていないからなのでしょう。なかなか届かない声ですが、私たちは、発信し続けなければなりません。

なお、二〇一三年三月一五日に、彼女は、成年後見人制度について次のような文章を綴りました。これは、前日の三月一四日に、茨城県牛久市の名児耶匠《なごやたくみ》さんというダウン症の方が、成年後見人が付くことによって奪われた選挙権を回復するよう求めた訴訟で、東京地方裁判所が訴えを認める判決を言い渡したということを承けたものです。

■発言三―20b（二〇八頁）

私は成年後見人制度のことはよく知りませんでした。でも後見人を付けると選挙権が奪われるなんて許せないと思います。だからみんながんばって法律を変えてくれてうれしいです。どうしてそんな法律ができたのか不思議だけど、その間違いが認められてよかったです。ダウン症の人がどうどうと新聞に出ていてうれしかったです。ダウン症だって裁判の場に出られることも証明されました。本当にうれしかったです。利害関係が少ないからでしょうか。出生前診断のときはあんなに悪く言われたのに夢のようです。なぜもっとダウン症の人に発言の機会を与えてくれないのか、もっと私たちの意見を聞いてほしいです。（池田歌奈）

成年後見人制度を利用する人の選挙権を奪うことによって、私たちの社会は、一度は、その方々を民主主義の枠組みの外に置いてしまいました。まるで、ダウン症当事者を議論の場の中に入れようとしない現在の出生前診断と同じ構図です。しかしそれは、私たちの社会の土台のルールである憲法に反することだと、この判決は明確に訴えているのです。原告のダウン症の名児耶さんがいかに強い自らの意志によってこの闘いをしたか、新聞の写真の名児耶さんのまなざしはそんな静かな強さを深く湛えたものでした。報道では語られることはありませんでしたが、名児耶さんもまた、出生前診断については、言いたいことがたくさんあったにちがいありません。

成年後見人制度とは、そもそも判断能力に何らかの「問題」をかかえる人を対象としているもので、選挙権が合わせて剥奪されたのは、判断能力の問題があることが前提となっていたわけですが、この裁判では、この判断能力自体が問題にされたわけではなく、基本的な人権という視点からその違法性が明らかになったわけです。私たちの立場では、判断能力はちゃんと存在するということになるのですが、現状では、そこまで議論が届くのはむずかしいでしょう。ただし、コミュニケーションは介助を必要とするわけですから、成年後見人のしくみが不要であると主張したいわけではありません。しかし、判断能力はあることを前提にしつつ、成年後見人制度がもう一度見直される必要はあると思います。

話は少しそれてしまいますが、成年後見人制度では苦い経験をしたことがあります。脳性マヒの障害のある方が、高齢になられてコミュニケーションがとれなくなり、施設に入られたのですが、その方の知人からコミュニケーションの介助を依頼されました。それでその方の言葉を聞きとったのですが、あとで成年後見人によって面会自体を禁じられてしまったのです。成年後見人という制度が、このようなかたちをも生んでしまうというのは、大変皮肉なことでした。

（9）二〇一三年五月一一日　若葉とそよ風のハーモニーコンサートにおける発表

町田市障がい者青年学級と、その青年学級から独立した本人活動の会「とびたつ会」で、二年に一度開いている「若葉とそよ風のハーモニーコンサート」というものがあります。このコンサートでは、一部を創作劇、二部を合唱というかたちでずっと進めてきましたが、今回一部は、震災のことと出生前診断のことを合わせたアピールが中心のショートストーリーの発表になりました。

出生前診断を扱った一部の後半を紹介します。

後半は、二〇一三年一月二九日の出生前診断のニュースの再現から始まります。最初の報道から五か月後、出生前診断の実施に向けて世の中はどんどん走りはじめていました。

アナウンサー1（二〇一三年一月二九日のテレビのニュースにもとづくもの）

「次は新たな出生前診断のニュースです。妊婦の血液を調べるだけで、胎児にダウン症など染色体の異常がないかを、九九パーセントの確率でわかるとする新たな出生前診断。来月東京の二つの病院ではじまりますが、医師らが検査を行うルールについて本格的な議論をはじめるなど、検査の実施に向けた準備が本格化しています」

アナウンサー2

「医療技術の発達によって、検査は簡単になります。しかし、いのちの選別につながることはないのかという懸念の声があがっているのも事実です。大きな課題が突きつけられています」

ここで、二〇一二年度、青年学級の劇ミュージカルコースが出生前診断の議論を進める中で作った歌が歌われました。このコースには、筆談でメンバーの通訳ができるスタッフがいたので、ふだんはなかなか話せないメンバーも含めて、活発な議論が繰り広げられました。そして、その中で次の歌が作られたのでした。最初は、怒りの言葉が大勢をしめていたのですが、しだいに、いのちの大切さを考える方向に話し合いは発展していったとのことでした。

いのちのことば（歌）

僕らは怒りを感じてる　奪われるべきいのちなどどこにもない
生きることこそすばらしい　生まれなければ感じないこと
生きている僕らは知っている　僕らの心の声を聞いてほしい
生きていてよかったと　生まれてきてよかったと
この声でこの歌で伝えたい　尊いいのち

僕らは愛を感じてる　抱きしめる母のぬくもり

手を引く父の大きな手　あなたが生んでくれたこのいのち
たいせつに僕らは　暮らしてる　すべてのいのちの輝きを感じてほしい
生きていてよかったと　生まれてきてよかったと
この声でこの歌で伝えたい　尊いいのち

ここから、出生前診断に対する意見の朗読が始まりました。朗読なので、ここは、声で言葉を伝えられるメンバーが中心になり、うまく声では伝えられない仲間の言葉を代わりに読み上げたりしています。もちろん、その言葉に深い共感を持ってです。最初の朗読は、先に青年学級のコースの活動の中で紹介したダウン症当事者の方です。その際の言葉は、この朗読の次に歌われる歌の中に出てきますが、ここでは改めてこの言葉を用意してきました。

朗読1

話したいことは出生前診断のことです。私も出生前診断で異常が出たら殺されてしまういのちになるのでしょうか？　このいのちの選別は本当に当たり前に語られるのが不思議なくらい怖いことです。なぜなら生きている価値のない人間と言われているわけですから。

朗読2

僕のいのちはこの簡単で便利な検査で殺されてしまういのちなのでしょうか。殺されてかまわないいのちなのでしょうか。本当にいのちの選別は許されるのでしょうか。本当に怒りを感じます。僕の心の哀しさは誰に伝えればいいのでしょうか。僕のいのちの大切さは誰がわかってくれるのでしょうか。本当に残酷な話がされているのに、なんで誰も声をあげないのでしょうか。

朗読3

私もいのちを勝手に奪われる検査には反対です。だから怒りをもって抗議します。幼い私を大切に育ててくれた両親に本当に失礼な検査です。いのちはおもちゃではありません。勝手に殺したり選んだりすることは許せません。

朗読4

大きな石の下にいる虫のような気分です。石の下にいることは誰にも伝えることができずに声をあげずに殺されてしまいます。私たちは声をあげて叫びます。生きるための声を必ず聞かせてやりましょう。いのちは誰からも奪われるものではありません。生きることで闘いましょう。

朗読5

私は出生前診断のことがよくわかっていません。でもこの言葉が大切な仲間を傷つけていることはわかっています。だからもっと慎重に検査をしてほしいです。

朗読6

震災で「絆」という気持ちが社会に浸透してきたのに、たったの二年そこらで今度は出生前診断が始まろうとしています。しかし、世間では、何も起こらなかったかのように淡々とニュースだけが、流れていきました。いのちの選別だ、と障害者は言います。憤っています。怒りに燃えています。僕たちのような障害者はなぜ嫌がられるのでしょうか？　社会はいらないと言うのでしょうか？　出生前診断とは出口がない、深い問題だと思います。これから生まれ出るいのちにも、平等という当たり前の生活が待っていることを僕は願います。僕を見て変な顔や、わざと見ない振りをするような大人を作らないでください。同じ人間です。僕らは、平等という権利をずっと昔から願ってきました。生まれ出るどんないのちにも優しい手が差し伸べられる日を待ちこがれています。

当日のビデオを見返してみて本当に驚きました。みんなのここまで力強いまなざしと姿を見たことがなかったからです。自分たちは、きちんとした当たり前の人間であり、その自分たちを否定する社会にまっすぐ主張するという思いがあふれていたのだと思います。

そして、「(6) 二〇一二年一一月一八日　町田市障がい者青年学級において」で紹介した「みんなのいのち」(一〇四～一〇五頁) が歌われ、最後に、とびたつ会のメンバーがいのちをテーマにして作った「つながるいのち」で第一部の発表は終わりました。

つながるいのち（歌）

いのち　いのち　輝けいのち　願いと理想の未来へ　つながれいのち
生まれたいのちはみんな大切だから　みんなで手と手をつないで支えあっていこう
つながる輪からパワーがあふれ　未来へといのちをつないでいくでしょう
いのち　いのち　輝けいのち　願いと理想の未来へ　つながれいのち

泣いている人がいたらとなりに座り　楽しいことがあったら　いっしょに笑おう
笑顔は心の栄養だから　いっしょに笑って元気になりましょう
いのち　いのち　輝けいのち　願いと理想の未来へ　つながれいのち

出生前診断をめぐる当事者の発言は、会場に来られた方々には、大変強いメッセージを届けることができました。限られた場所でのできごとだったとはいえ、知的障害当事者自身が語った大変意味の大きいメッセージだったと思っています。

(10) 二〇一三年一二月一日　町田市障がい者青年学級において

一二月一日の青年学級で、一一月下旬に流れたニュース（八〇頁参照）がきっかけになって、再び、出生前診断について議論がなされました。その報道を繰り返すと、新型出生前診断で「診断結果が陽性反応だった六七人のうち、その後の羊水検査などで陽性が確定した少なくとも五四人のうち五三人が中絶を選んでいたことが分かった」(二〇一三年一一月二二日付毎日新聞朝刊)という大変ショッキングなものでした。

そして、私の参加しているコースでは、五〇代のダウン症の当事者である女性が、私がこれから気持ちを言うのでそれを一番の歌詞にしてほしいと述べ、さらに、同じコースのダウン症当事者である三〇代の女性に、ぜひ二番の歌詞につながる言葉を言ってほしいと提案したのです。そして、語られた言葉が以下のものです。

■発言三―21

私は生まれてきてよかったです。私はしあわせな経験をしてきた。たくさんの仲間に出会い、たくさんの夢を持ち、たくさんの仲間に受け入れてもらいました。私の人生は小さいときから施設暮らしで、見た目には悲しい人生に見えるかもしれませんが、私にとってはかけがえのない人生でしたから、この喜びをこれから生まれてくるダウン症の子どもたちに伝えたい。(小林弘子〈故人〉)

東京の別の地域で生まれた彼女は、小学生のときに町田の施設に入所し、それ以来、ずっと町田で暮らしてきました。青年学級にも二〇数年通い続けてきました。穏やかな性格の彼女の人生は、本当につつましいものだったと思います。いつも言葉数の少ない彼女ですが、この文章は深くしみいってくるものでした。

次の言葉は、それを受けた三〇代のダウン症の女性の言葉です。

■発言三―22

私のいのちは私だけのものではなく、私のいのちはみんなのいのち。私のいのちを与えてくれた母さんのいのちとひとつのいのち。よいいのちと悪いいのちを分けるなら、いのちはいのちでなくなってしまう。いのちはひとつにつながって大きなひとつのいのちだから私はいのちをそまつにしたくない。私のいのちはみんなのいのち。ひとつのいのちは分けられない。

いつもリコーダーを携えていて、みんなで歌うときには必ず彼女のリコーダーのすてきな音が聞こえてきました。ふだんは、ほとんど自己主張をすることはなく、控えめな彼女ですが、このときは、きっぱりといのちについての一つの考えを明確に述べたのです。

私たちは、活動の中でその人の障害名はまったく無意味なものなので、絶対に口にすることはありませんが、このときばかりは、二人ともあえて、出生前診断の標的にされているダウン症の当事者として懸命に語りました。そして、この二人の言葉をもとに、「ひとつのいのち」という歌が生まれたのです。

生まれてきてよかった　しあわせな思い出
たくさんの仲間と出会い　夢をいだいた
小さいときから施設暮らしで　見た目には悲しい人生に見えるかな
私にとってはかけがえない人生　この喜び　生まれてくるあなたに伝えたい
私のいのちはみんなのいのち　ひとつのいのちは分けられない

私のこのいのちは私だけのものではなく
私にいのちを与えてくれた母さんのいのちとひとつ
よいいのちと悪いいのちを分けるのなら　いのちはいのちではなくなってしまう
いのちはひとつにつながっている大きないのちのひとつだから
私はいのちをもらったのだからいのちを粗末にしたくない
私のいのちはみんなのいのち　ひとつのいのちは分けられない

生まれてきてよかった　しあわせな思い出
たくさんの仲間と出会い　夢をいだいた

この歌ができてから、しばらくして、五〇代のダウン症の女性（発言三―21）は、この歌を「若葉とそよ風のハーモニーコンサート」ではあえて歌わなくていいと言い出しました。それは、この歌が自分の最後のしめくくりの歌のように聞こえるからだと言うのです。確かに、その頃から、彼女は物忘れが多くなっていました。そして、しだいに長い距離を歩くことがむずかしくなって車椅子を利用するようになり、長く暮らした障害者の施設から、高齢者の施設に移ったのです。そして、二〇一九年の初め、ひっそりと訃報が伝えられました。彼女の恐れたとおり、この歌は、彼女の青年学級の日々をしめくくる歌になってしまったのです。

ダウン症の方は老化が早いという言い方がされます。それは、冷厳な事実かもしれません。しかし、彼女が懸命に生きた五〇年余りの時間のうち、私は、三〇年を超える時間をともに過ごすことができました。それは、生まれなかったほうがよかった人生などでは絶対にありません。

最後にお見舞いに行った当事者の仲間が、彼女の最期の言葉を伝えてくれました。彼は、同じ施設で子どものときから一緒に過ごしてきた仲間です。彼女は、私も含めた青年学級のスタッフの名前をいくつかあげ、「ありがとうと伝えてほしい」と言ったとのことでした。

(11) 二〇一四年五月三日

四〇代のダウン症の男性が、長い文章を綴りました。自然をこまやかなまなざしで見つめ、そのことを表現する方で、このときも、そのような書き出しから始まりました。

■発言三―23a（一二三頁、一二四頁、一二五頁）

よい季節が来ましたね。五月はさわやかな季節ですが、わずかばかりの春の幅をきかせた誇らしさがちょっとまぶしすぎます。誰にもわかる美しさが多い季節だからこそ、僕は目立たない小さな花に目がいきます。わだかまりをなくすためにはみんな小さな花にこそ目を向けるべきです。小さな花の花びらに、理解されない者の穴にはいったような悲しみが隠れています。人間には認められなくても虫たちは必ずその花にも群がってずんずん蜜を吸ったり花粉を運んだりしています。願いはみんな一つです。実を結ぶために理想の花は咲いていますが、虫の助けがなければ花はその役目を果たすことができません。だから人間も実をつけたいなら一人で咲き誇っていてはいけません。どうにかして私たちもよい助けが得られるようにと謙虚に祈らなくてはいけません。みんな実を結ぶためにそれぞれの花を咲かせているのだから、実を結ぶためには謙虚にならなくてはいけません。ぎらぎらした太陽は謙虚なでんでん虫をひからびさせてしまいますが、理解してくれない人たちはまるで夏の太陽のように傲慢です。ずるい夏の太陽はきらいですが、太陽の寂しさは寒くなるとまた呼び戻されなくてはいけないので、夏だけは仕方ありません。

理想に近づくには謙虚さを忘れてはいけないのですが、わずかなわずかなおごりを人はすぐに持ってしまいますから、気をつけなくてはいけないと思います。わずかな希望は理解者は必ずいるということです。だから僕は一度も絶望したことがありません。小さいときからいつも希望をなくさずにやってきたので、唯一の悲しさは僕たちの仲間がもう生まれにくくなったことです。なぜなのかはよく理解できませんが、みんな僕たちを迷惑な存在だと考え始めたので、僕たちは本当に悲しんでいます。未来が閉ざされてしまいそうですが、私は言いたいのはよいいのちとか悪いいのちなどと言うことは間違っているということです。私たちはみんな目的を持っていのちをいただいたのだから、そのことはきちんと言っておきたいです。いのちがせっかく宿ったのに、そのいのちの誕生をよくないことと考えるのは間違っています。（早坂孝一）

そして、改めて思いを詩のかたちにしました。

■発言三―23b（一二三頁、一二四頁、一二五頁）

小さい勇気を出して世の中に訴えたい
僕は人間として生まれて尽きせぬ幸せを感じて生きてきた
だからこうして生まれたことを喜びに感じている
しかし医学の進歩は私たちの幸せには目を背けてきた
だから生まれないほうがいいというゆゆしい考えにくみしてしまった
人のいのちに優劣はないことを私たちはもっと力強く訴えなくてはならない
だから私は勇気をもって訴えたい

いのちはみんな平等であると　（早坂孝一）

また、二〇一四年七月二六日には、次のような詩を伝えてきました。

■発言三―23c（一二二頁、一二三頁、一二五頁）

〈月にほえる〉

海を見つめていると私は夏を思い出す
母さんと父さんと一緒に出かけた海は
水を求めた魚と一緒で心にいのちを与えてくれた
つんざくような雷が聞こえて
おおあわてで母さんと海から上がったとき
私の目には私たちの姿をあざ笑う人たちの目が飛び込んできた
むんむんする夏の夕立を見ながら
私は夏の海の青さだけを求めながら
なぜ私たちはさげすまれなければならないのかを思った
わずかなわずかな夜風がよい願いを届けてくれた
緑も暗闇に沈んだ真っ暗闇の中で

ひっそりと夜風に耳を澄ませると
私の悲しさと同じ悲しみを抱いた仲間の泣き声が聞こえてきた
目覚めをまだ知らない緑を
私たちが私たちの手で目覚めさしてあげたいと
月に向かってまるでおおかみのようにほえた　（早坂孝一）

つつましく、小さな花のように生きてきた彼の心からの叫びです。多くの人が、宿った子どもがダウン症であることがわかると産まない選択をするようになってしまったことは、悲しい現実です。しかし、多くの人は、ダウン症の方々のこうした生き方についてあまりにも知らされていないからだと思います。

もっとダウン症の方々の本当の生き方を知り、本当の声を聞く必要があります。そして、ダウン症の方々をまったく議論の場から排除している現状を改め、出生前診断というものに、ダウン症の方々がどれだけ悲しんでいるか、そして怒っているかに謙虚に耳を澄ますべきでしょう。議論は、そこから初めて始まるものですし、まったくちがった議論がそこから始まってくるでしょう。

(12) 二〇一四年一一月一八日

埼玉県で開かれているある集まりで、ダウン症の中学生がこんな詩を綴りました。ダンスが好きで、笑顔が穏やかな愛嬌あふれる少年ですが、詩の内容は大変重いものでした。

■発言三――24a（一三二頁）

〈悲しい鳥の調べ〉

悲しい鳥の調べをあなたは聞きましたか
悲しい鳥の調べは悲しい心を持っている人にしか聞こえません
冬が近づいたあの日の朝
僕は悲しい鳥の調べを聞きました
悲しい鳥の調べは来たるべき悲しいできごとを伝えるものでした
私たちの仲間の中にそろそろ天に帰る人がいるよ
そう鳥は伝えました
僕はとても悲しい気持ちになって
ひとりひとりの友だちのことを思ってみました
だけど誰も思い当たる仲間はいません
きっと僕の知らないところで
まだ生まれることができない前に亡くなった仲間のことを
あの鳥は悲しんでくれたのかな

僕は密かに決意した
これ以上鳥の悲しい調べが聞こえないように
拳を静かに握りしめ世の中に向けて叫びたい
僕らも同じ人間だ　（高柳照平）

これをお母さんがしっかりと受け止められて、二か月後にはフェイスブックで「ダウン症の子を産んで育ててみたくなる話」という名前のページを作られて、発信を始められました。最初の文章から引用したいと思います。

ダウン症の子を産んで育ててみたくなる話（二〇一五年一月二一日）

あなたは、ダウン症のことは既に調べていることでしょう。あまり詳しくは聞かないほうが、自分の育児を楽しめると思います。でも、出生前診断をして、産むか産まないか悩み、授かった命を産むことを決意して、産んだことで、周囲の人に責められるなんてことの無いように、私はひとりのダウン症児の母として、本当のことを知って理解してもらいたいと思いこの文を書きました。

本当のことを皆が知れば、ダウン症であること自体は、何の障害でも無いということがわかることでしょう。むしろ世間の理解が得られないことのほうが、育てるあなたにとって一番辛いことになるのではと思います。

世の中の人が、ダウン症のことを本当に理解してくれる日が早く来ることを願います。

ダウン症の子を育てると、こんな幸せがあるのを知っていますか？　それは、他の子と比べなくて良いということです。本当は、誰しも比べる必要は無いのだけれど、子供が大きくなってくると親は、「あの子はできるのにうちの子は……。」とか、「あの子はいいな、うちの子は……。」と悩んでいたりします。

「私の育て方のせいかしら……。」「どうしてできないの……。」となるのです。

でも、ダウン症の子供はそんな必要はありません。全世界が認める、医者も専門家も認めていて、本にもなっているほどの、ゆっくり成長であたりまえの子供なんです。

そして、ダウン症の子こそ、他の子と競わない、むしろ他の子のためにビリになることを選ぶ子達だからです。

それは「そんなことないだろう。」とか「一番になりたくない子なんていない。」と思うかもしれませんが、育てていればおのずとわかるようになります。

ダウン症の子供を育てている母たちは、きっとみんな知っている、でも一般の人達はきっと知らないだろう話をします。

ダウン症の子は（たぶん障害のある子は皆）人としての大切な何かをちゃんと持ち続けている子供達です。たぶんオーラのようなものが見えていて、見た目では気付かないような悲しい人や寂しい人に必ず気が付き、ためらうことなく手を差しのべます。ダウン症の子に声をかけられたり、慰められたりしたことのある人は、意外に多いはずです。

人間は、他人の考えは解らないし、優しそうに近づく人に騙されることがあります。でも、そんな計算をしなくても、ダウン症の子には優しい人が何故かはわかりませんが、一瞬でわかります。

小さいまだヨチヨチ歩き始めたダウン症の子は（たいていは、歩けるようになるのは遅いです。）、突然、そこにいるただの通りすがりの人の手をキュッと握ったり、見ず知らずの座っている人の膝の上にちょんと座ったりします。

母親は、「きゃー！ごめんなさい！」となるものですが、何故か相手の人は「いいですよ。」と優しく対応してくれます。どうしてそんなことをするのかは、わからないですが、ダウン症の子に急に手を握られたり、くっつかれたりした人は絶対優しい人です。

私は人を見る目が全く無いので、子供がそうした場合はその人を信頼します。何故って、その後友人として付き合っても、後々までその優しい人は優しいまま変わらないからです。

（…）

ダウン症の子育ては、育てるのは大変です。「やっぱり大変なんじゃないか。」と思っているかもしれませんが、どんな赤ちゃんも育てるのは大変なんです。楽な子育てなんてありません。皆、赤ちゃんの可愛い笑顔に救われて愛しくて、大変さを乗り越えて育てるのです。

児童虐待の話を聞くたびに心が痛みます。ですが、考えてみて下さい。親に自分を育てた時の話を聞いたことがありませんか?「ミルクの飲みが悪かった。」とか、「背が小さくて。」とか、「髪の毛がなかなか生えなくて、一生ハゲたままなのでは。」と心配したり。そんなたわいも無い一つ一つに悩んでいる人だっているのです。そんなワケないのに……。

(…)

「普通の子が良い。」と誰もが思っているけれど、普通って何でしょう? 何でも普通にできる子は実はなかなかそうはいません。だから、実はダウン症ではない子供の親も、自分の子を他の子と比べたり、子供がグレたり、意地悪したり、ケンカしたり、引きこもったり、結構大変なものなのです。最初は、「優しく育てば……。」とそれだけを思っていたはずなのに。

だから、ダウン症なんて本当はほんの少しの障害なんです。何が幸せかは、人によって違うのですから。小さな幸せも大きな幸せも心の中ではあまり違いは無いのです。

ダウン症からくる辛いことは、病気でも何でも本当は大したことでは無いのです。他の人、ダウン症を知らない人から受ける言葉や態度の方が辛いです。

それでも沢山の優しい人にも出会えます。そしてそのことに気がつけるのは、この辛さがあるからだと思うのです。

（…）

ダウン症の子本人は、気楽に幸せに生きていて、そういう子供の姿を見ていると、小さい事にくよくよしている自分が「小さいな。」と思ったりします。

断言できるのは、ダウン症の子達は、いつもニコニコ楽しく幸せに生きていることです。もし悩みがあったとしても？そしらぬ風で、御飯をおいしそうに食べたり、お花を見て「きれいだね。」ワンちゃんを見て「いいこ、いいこ。」

他の人が恥ずかしいと思ってしまうくらいの感情でも表に表すから毎日楽しく幸せそうです。

是非、ダウン症の子育てを楽しんでみて下さい。新しい自分に出会えるかもしれません。

ダウン症の子が、出生前診断で命を奪われることの無いように願っています。

出所：https://www.facebook.com/daunsyou/

その後お母さんは、この文章に、先ほどの「悲しい鳥の調べ」と次の「風」（二〇一五年一二月八日作）と「悲しみの鎖」（二〇一七年八月二八日作）という二編の詩を合わせて、『叫び』という冊子を作られました。表紙には、この少年自身が書いた「叫び」という書が力強く厳かに掲げられています。

■発言三――24b（一二六頁）

〈風〉

風よ　風よ　風よ
すべての物を吹き飛ばし
本当のものだけを　明らかにして
僕たちにも　もっともっと強く吹け
僕の心に残っている
よこしまな思いや人を羨む思いなど
みんな吹き飛ばして
僕の本当の願いだけで心が満ち溢れるようにして欲しい
風よ　風よ　風よ　だから
もっともっと強く吹け

〈悲しみの鎖〉

みんな泣いている
どうしてこんなに涙が止まらないのだろう
それはひとつの悲しみがまた

新しい悲しみを生み続けているからだ
ひとつの悲しみをしっかり受け止められていたならば
もうみんな涙を拭いて
悲しみを祈りに変える事が出来たはずだ
でもまだ悲しみが鎖のように繋がって
涙は止まることがない　（高柳照平）

この二編の詩に直接出生前診断という言葉が出てくるわけではありません。しかし、「風」の詩で、「本当のものだけを　明らかにして」と願いを持ちながら力強く風に向かうこの少年の思いの中には、自分たちの仲間のいのちが失われるという理不尽さへの叫びが込められているはずです。また、「悲しみの鎖」は、津久井やまゆり園の事件のあとに書かれたもので、「ひとつの悲しみ」は、出生前診断のことを指し、「新しい悲しみ」は、津久井やまゆり園の事件を指していると解釈することもできるでしょう。

きんこんの会◆声明文

私たちはずっと気持ちを表現できないばかりでなく、何もわからないと言われてきた障害者です。私たちはずっと社会の中に生きていながらみんな私たちのそばを私たちに気づくことなく通り過ぎていきました。

私たちの中には勝手に手が動いたり気持ちをうまく言えなくて違った言葉を口にしている人さえいます。そのことでどれだけ誤解されてきたかわかりません。だから私たちの行動を見て勝手に判断しないでください。私たちの気持ちは行動の奥底に違ったかたちで蓄えられているのでその気持ちにどうか耳を澄ませてください。どうか私たちの声に耳を傾けてください。

私たちをずっと大切に見守ってくれた人は言葉の有無に限らずにいつもやさしく声をかけてきました。私たちはそんな人たちに支えられて今日があることを知っています。だけど社会はそんな人たちをも無視してきました。

私たちの悲しさは、本当の声に耳を傾けようとしない社会です。いつかそんな社会は変わるだろうと思ってきましたが、社会は反対の方向に向かって動き始めてしまいました。だからこそ私たちは大きな声を出さなくてはいけません。私たちの声が小さいために生まれてくることができなかった仲間さえいます。だから、一刻の猶予も残されていません。

まだまだ、言葉を発することなく亡くなっていく仲間たちがたくさんいます。今日もまたどこかで言葉を伝えることなく仲間が亡くなっているかもしれません。だから、私たちの言葉をもっと大きな声で遠くまで伝えたいと思います。もちろん言葉を伝えられずに亡くなった仲間たちも幸せな人生を生きていたことを私たちは知っています。

私たちの夢は地域で生きていくことです。体にも不安な要素を抱えている仲間は一人暮らしはむずかしいかもしれません。しかし、気持ちの上では地域で一人暮らしをしていると思えるような場所がほしいです。そういう場所があれば私たちの心は自由に地域を生きていることになるのです。

私たちを支えてくれる人たちへ。どうか私たちの前に出ないでください。私たちの後ろにもいないでください。私たちと共に手を携えてください。私たちの言葉の通訳は、私たちとのそういう関係を土台にしてお願いします。私たちが本当に求めているものは、共に生きてゆく関係です。二〇一四年六月二一日（二〇一五年一月二四日加筆）

第四章　入所施設での暴行死事件について

一．事件の概要

二〇一三年の一二月、一つの悲しい事件が報道されました。それは、千葉県の入所施設で、同年一一月二六日、暴行の末、一九歳の入所者が亡くなるというものでした。事件を起こした職員には、殺意があったわけではありませんから、その三年後に起こった津久井やまゆり園の事件とは性質は違います。事件のあと設けられた第三者検証委員会によって、二〇一四年八月にまとめられた報告（「千葉県社会福祉事業団による千葉県袖ヶ浦福祉センターにおける虐待事件問題、同事業団のあり方及び同センターのあり方について」）には、次のような記述があります。

「暴行に至った5人のうち2人（うち1人は平成26年3月11日に傷害致死容疑で逮捕。以下「逮捕者」という。）は、『先輩職員（なお、この先輩職員本人は自身の暴行を否認しており、暴行は疑義である。）の影響を受けて暴行を行った』旨供述しており、その他3人も、『周りが暴行をやっていたので感覚が麻痺して自分もやってしまった』旨供述している。（…）全体として、それぞれが、先輩職員や前任者、周りの職員の影響を受けて暴行に至る、負の連鎖に陥っていた可能性がある。5人のうちの2人などの供述によれば、各職員とも始めから暴行をするつもりはなく、支援に行き詰まった際、先輩等の暴行を見る中で、安易に自らも暴行に至ったとされている」

障害者の福祉の現場に存在したこうした「負の連鎖」について、私もまったく知らないわけではありません。二〇代のとき、町田市障がい者青年学級の合宿で、時間を守らず勝手にお風呂に入ってしまった方に対して、先輩が激しく叱責する空気に影響されて、その人の手を、叱責の言葉とともに、強く引っ張ったことがあります。こんなふうにしてその場の空気に影響されて体罰は起こるのだと、納得させられた苦い思い出です。

二．事件をめぐる当事者の言葉

この報道から二日ほど経った一二月一四日に春日部市で開かれた「春の子会」という学習会では、さっそく、この事件のことが語られました。

最初に話題にしたのは、中学三年生の少年です。彼には重度の肢体不自由があります。春の子会の日が報道の直後であり、他の地域の仲間たちの意見も代表するつもりで俳句を作ってきたということでした。

■発言四―1（一九七頁）

罪のなき　人のいのちが　失われ（なぜかわからないけど仲間が亡くなりました。）
人権を　取り返したき　ぬんぬんと
地域から　離されいのちも　奪われて

人間と　見なされぬまま　いのち消ゆ
よき人が　豹変せるか　涙落つ
人間は　力では　動かせぬ
強き意志　砕きて人は　泥まみれ（人は泥にまみれた被害者です。）
ついに人　いのち奪われ　未来消ゆ
人間は　茫然となぜ　夜にある
ぬいぐるみ　蹴られて別に　泣かぬとか
ぼんやりと　わだかまりのみ　野暮なこと
私たち　人間のはず　喪に服す
分相応　僕はけして　受け入れぬ
分相応　などとわからぬ　声のせり
未来より　過去のわずかな　不幸消せ
未来消え　理想をなくし　夜深し　（深井健太郎）

五つ目の句にある、もともとはよい人であるはずの職員が豹変してしまったというのは、この時点で報道されているわけではないですが、自らが介助を受ける者として経験してきたことから類推されたことでしょう。そのことを十分に理解した上で綴られた無念の思いです。

次に、思いを綴ったのは二〇代の体の大きな青年です。彼は自閉症と呼ばれており、体が大きいためちょっとした行動が危険だとみなされることもあるそうで、今回の事件のようなことが起こる背景がよくわかるとのことでした。

■発言四―2

私の仲間がそんなふうにして亡くなってしまったけど、理解できないのは暴力では何も解決できないことにまだわかってもらえないのかということです。分相応などと言われたくないですね。世の中を早く変えなくてはいけません。わずかに人間として見てくれるのはこうして僕たちにも言葉があるということを認めてもらっているからですが、だからこそ早く伝えなくてはなりません。僕たちは当たり前の人間なのだから。よい世の中に早くなってほしいです。

（安川浩太郎）

最大の悲劇は、みんな当たり前に理解できているということがまだ常識となっていないということです。相手が何もわからないと思うから、そこに暴力が生まれてしまうのでしょう。わかっていても、うまく体をコントロールできない人たちがいるというきわめてシンプルな事実に気づけば、こうした悲劇は繰り返されずにすむにちがいありません。

その一週間後の一二月二一日の東京都北区で開かれた「あの会」という自主学習会でも、このことが話題にされました。次の文章は三〇代の男性の文章ですが、趣旨は上述の意見と同じです。

■発言四―3（七四頁、一七三頁、一七四頁、一九五頁）

ばかにされいのちを落とした仲間に代わって僕は言いたい。もっと世の中が進んで僕たちはすべてを理解できていることが理解されたら、僕たちは二度とああいう悲劇に巻き込まれずにすむだろう。誰が悪いという議論ばかりする前に、まだみんなきちんと理解できているにもかかわらずただろうそくを灯すことができないでいることが問題なのだ。どうしても体がうまくコントロールできずにいたり勝手に体が動いたりしているという事実を世の中の人が理解しないかぎり、こうした悲劇は繰り返されるだろう。（大野剛資）

また、重症心身障害と言われる状況にある一〇代の青年は、次のような詩を伝えてきました。

■発言四―4（五〇頁、五三頁）

〈わだつみの声に〉

わだつみの声に耳をすませると
聞こえてくるのは謎やよこしまなよからぬ叫びばかりだ
なぜよからぬ声ばかり聞こえてくるかというと

何千人ものいのちが失われたというのに
人々はそのことをもう忘れ去ろうとしているからだ
つらい話は僕たちは生まれるべきではないという議論や
僕たちを何もわからぬ人間として動物のように扱って
死なせることまで起こっているからだ
道はどんなに細くても確実に前に向かって開けている
もう少しのしんぼうだから
なろうとしてなったわけではない障害を
ぜひ逆手にとって世の中に強い力で訴えよう
わだつみの声をもっと安らかなものにするためにも　（甲斐田晃弘）

ここで、わだつみの声とは、東日本大震災の死者の声ということです。波にのみこまれて亡くなった人たちの声に耳を澄ませようとしても、「よからぬ叫び」、すなわち、出生前診断のことや今回の暴行死事件のことが聞こえてくるというわけです。

一二月二七日に開かれた都内の学習会でもこのことが問題にされました。そして、まず、憂鬱なものを心にかかえた表情の二〇代の女性はいきなり、詩を綴り、その説明をしました。

■発言四―5

国も滅び現実のみが静かに過ぎてゆく
夢にまで見た世界は遠のくばかり
私は涙も涸れ果てて一人佇む
罪を問い不徳を問うことは意味がない
どうしようもないゆゆしさのみが空しく残る

つらいのは千葉の施設で虐待があって亡くなった人が、繰り返されるニュースを通して、もだえている様子とともに伝わってきてとても憂鬱な毎日になっています。そのことを詩にしました。とても憂鬱な毎日です。死のそばでつまらぬことばかり語られて許せません。死んだ人が何もわからないから仕方ないという論調が許せません。根本が狂っています。

国が滅んだというのは、明確には示されていませんが、東日本大震災があって、そこから復興する途上に、すでに述べてきたように出生前診断のことなどが問題となり、当事者には「国が滅んだ」と感じられたということかもしれません。この事件の中で、あからさまに被害者が何もわからないということが明言されているわけではありませんが、そのことは暗黙の内に前提された上で、議論はなされているということと、本当に問われなければならないのは、その前提であり、それをひっくり返さないかぎり、結局社会は「何もわからないから仕方ない」という考えに陥ってしまうのだということを言っているわけです。

また、その日、遠くから大きな声を出しながらやってきた車椅子の二〇代の男性がいました。その声は怒りの声でした。

■発言四―6（七一頁、一二二頁）

なぜ仲間が亡くならなくてはならなかったかを思っていたら体中に力が入ってしまいました。絶対に許せないのは、僕たちは何もわかっていないと思われているということです。何もわからないという思いこみがすべての根本にありますからこんなことが起こるのですが、いつになったら世の中は変わるのでしょうか。世の中が変わるのを待っていたらまた犠牲者が出てしまいます。

誰のせいで亡くなったかということは今回は問題ではありません。世の中の考えこそが仲間を殺したのです。僕たちの仲間が亡くなったというのに誰一人それを語らないのはおかしいと思ったので、僕はみんなを代表して語りました。

まだわかってもらえないのでしかたないですが、もう二度とこんなことが起こらないようにするために、これをまたインターネットで発信してください。ぜひよろしくお願いします。

黙っているわけにはいかないのですが、なぜ何もできないのかとても悔しくて夜になると悩んでいました。ようやく言えてどうにか収まりそうですが、世の中をどうやったら変えられるのでしょうか。なぜ世の中はどんな人も同じように考えているということに耳を貸してくれないのでしょうか。訴えても訴えても届かないのでつらいです。

なぜ僕のような意見は認められないのでしょうか。日本中の施設から暴力がなくなってほしいので、どうにかしたいです。

強いろうそくがほしいです。存分に議論してもらいたいです。ぜひ主張してください。僕たちの人権がかかっていますから。人権は言葉を持つ持たないには関わりはありませんが、僕たちの言葉を認めないのは人権侵害の一つです。ぜひどこかに発表してください。よろしくお願いします。人権問題だからどうにかして乗り越えたいです。（廣瀬岳）

彼もまた同じことを「世の中の考えこそが仲間を殺した」という強い表現で語っています。その上で、「人権は言葉を持つ持たないには関わりはありませんが、僕たちの言葉を認めないのは人権侵害の一つです」と、はっきりと断言しています。暴力はもちろん人権侵害ですが、それ以前に言葉を持っていると認められていないということから人権侵害は始まっているということです。彼は重度の肢体不自由を持っていますが、もちろんこの「僕たち」の中には、今回亡くなられたような障害の方も含まれています。

三．「強度行動障害」をめぐって

この日、さらにもう一人の女性がこの件について述べました。彼女は、このとき知的障害の特別支援学校を卒業して二〇歳になっていましたが、今回亡くなられた方と同じような障害のある仲間のことをよく知っており、その経験に基づいた言葉になっています。

この方は、千葉の施設の事件と、強度行動障害と呼ばれる問題とを結びつけて語ってくださいました。同じ立場の仲間と長い時間をともに過ごしてきただけに、思いは強いものがありました。

■発言四―7（四六頁、一七三頁）

誰からも嫌われる経験は人間として本当に悲しい経験なのですが、理想をいくら唱えても現実は何も変わりません。しかしそれだからこそ、私たちは訴えていかなくてはいけません。どうにかしてみんなふつうに理解できていることをわかってほしいです。

敏感な人たちだからこそつらい人生を歩まなくてはならなかったので、理想はろうそくに明かりがともるように私たちを受け入れる世の中になってほしいということです。

私はなぜ強度行動障害が起こるかについて身をもって経験してきました。仲間にそういう人がたくさんいたからですが、みんな小さいときはかわいいと言われてよかったのですが、だんだん大きくなるにつれ人として見てくれる人以外は、どうしてあなたみたいな人がいるのという言葉を投げつけられるようになり、だんだん生きる希望をなくしてしまったからです。希望を失うと、みんないっそうつらそうな表情になって、それがまた悪循環を生んでしまいます。

学校にはよい先生がたくさんいましたが、人間と認めてくれない先生はなかなか私たちのことがわからなくて、強い口調で私たちを責めたりするので、私たちもなぜそんなに言われなければならないのだろうとだんだん暗い表情になってしまったのです。誰が悪いなどと責めるつもりはありませんが、やはりつらいのは仲間なので、このことはぜひ訴えていきたいです。

小さな希望かもしれませんが、こうして私たちも何とか話せるようになったのですが、つらいのはまだこのことが世の中に受け入れられていないことです。何とかして早く理解されないと、また犠牲者が出てしまいます。（小古間晴菜）

ここで彼女が問題にしている「強度行動障害」とはいったい何でしょうか。「強度行動障害」という言葉が初めて用いられたのは、一九八九年のことで、行動障害児（者）研究会という場で、「精神科的な診断として定義される群とは異なり、直接的な他害（噛み付き、頭突き等）や、間接的な他害（睡眠の乱れ、同一性の保持等）、自傷行為等が通常考えられない頻度と形式で出現し、その養育環境では著しく処遇の困難な者であり、行動的に定義される群」で、「家庭にあって通常の育て方をし、かなりの養育努力があっても著しい処遇困難が持続している状態」とされています。この定義は、厚生労働省が出しているリーフレットでも踏襲されており、現在もなお通用しているものと考えてよいでしょう。

また、そのリーフレットには、「強度行動障害になりやすいのは、重度・最重度の知的障害があったり、自閉症の特徴が強い、『コミュニケーションが苦手な人』です」と明確に示されるとともに、その強度行動障害がけっして生まれつきのものではなく、障害特性（コミュニケーションの苦手さや感覚の過敏性など）に環境がうまく合っていないことが、人や場に対する嫌悪感や不信感を高め、行動障害をより強いものにしてしまいます」とあります。

ところで、私たちにとって、こうした強度行動障害と呼ばれる人たちも豊かな言葉の世界を内に秘めているということが大前提ですので、その視点からこの強度行動障害と呼ばれる状況をどのように考えたらよいかということになります。

発言四―7の女性は、自分がともに特別支援学校で成長してきた仲間の姿から、強度行動障害と呼ばれる状況は、「生きる希望をなくしてしまった」ということと深く関わりがあると言います。そして、生きる希望を失ってしまうのは、「人間と認めてくれない先生」が「どうしてあなたみたいな人がいるのという言葉を投げつけ」たり、「強い口調で私たちを責めたりする」からだと言うのです。

強度行動障害と呼ばれる状況に追い込まれてしまった人の行動だけを見ると、その人がまさか内面に豊かな言葉の世界を有しているようには見えないことでしょう。しかし、こうした強度行動障害とみなされる行動も含めて、多くの行動が、意思によるコントロールがうまくいかずに起こっている行動であることが、これまで、本人たちの言葉で語られてきました。

従来の理解では、そうした状況にある人は「重度・最重度の知的障害」があるとされてきたわけですが、私たちは、その見方を改めなければならないのです。

私は、学校時代にそのような状況に追い込まれ卒業後の進路がむずかしいとされる人たちを積極的に受け入れてきた通所施設で、その人たちの言葉にじかに接しました。

その人たちの言葉のいくつかを紹介しましょう。

一人目の方は、行動面でかなり大変な状況にあるときに、この施設に通所するようになり、その施設のていねいな対応によって、ずいぶん落ち着いてきたと言われる三〇代の男性です。二つの文章の間に二年の時間が流れています。

■発言四 ― 8a（一四九頁）

今日は泣きたい気分です。みんなに迷惑をかけてしまいましたから。私はなぜこんなふうにそわそわとした気持ちしか持てないのでしょうか。ばかにされてもしかたないかもしれません。小さいときからこうだったわけではありません。厳しい先生になってから体のコントロールができなくなりました。ぶたれたりののしられたり笑われたりして眠れなくなってから、私の気持ちはろくでなしになりました。物心ついた頃から僕はとてもわかっている子でしたが、のんびりした僕はなくなってしまいました。笑われるかもしれませんが、僕の願いはよい人間になることです。みんなにはわかってほしいです。ランプの光をともしたいです。理想は願いをかなえてよい人間になることです。（…）小学校のときの先生です。許せないけどどうしようもありませんから。どうして厳しくするのかわかりませんが、忘れられません。僕のことはみんなわかろうとしてくれません。なぜ柴田さんはわかるのですか。人間として認められた気分です。これからもよろしくお願いします。（二〇一〇年二月七日）

■発言四―8b（二四八頁）

言いたいことがあります。時間がなくなりそうです。なかなか世の中が変わらないのであせっています。黙ったままではなかなかわかってはもらえません。なぜなら長い間みんな何もわかってはいないと思われてきたので、なかなかわかってもらえても行動は変えられません。なぜなら僕たちの行動はいったんできあがったら変えにくいからです。なかなか変えられないので僕たちは誰からも理解されなくなってしまったのです。原因になったことはずっと過去のことでもなかなか直らなくなるのです。それがとても悲しいことです。小さい頃に黙ったまま叱られているうちに僕たちは願い通りに体を制御できなくなってしまいました。だからとても困っているのです。誰でもきっと僕たちのように理解されないままに叱られ続けていたらきっとみんな行動を制御できなくなってしまうと思います。それだけのことで僕たちは棒に振ってしまうところでした。いいかげんな先生のおかげでなぜ人生を棒に振らなければいけなくなるのでしょうか。悔しいです。たった一人のせいです。なぜならどうしようもない気持ちになってしまうからです。誰も止めてくれませんでしたから、よけいに絶望してしまいました。自暴自棄になってしまいました。なぜなら生きる希望がまったく見えなくなるからです。なぜならどこにも自分の居場所がなくなってしまって、便所ぐらいしか居場所がなくなってしまうからです。誰だって居場所がなくなれば希望もなくなるでしょう。(二〇一二年一月一六日)

彼が明確に語っているのは、体のコントロールがきかなくなったのはたった一人の厳しい先生の関わり方が原因であるということ、そして、いったんコントロールがきかなくなる中でできあがってしまった行動は、その行動が生まれてしまったできごとが過去のものとなっても、なかなか消すことができないということです。

次の方は二〇代の女性です。二〇一三年七月と一一月の発言を紹介します。スイッチの介助をしながら、顔や頭を叩かれながらの関わり合いでした。その行動がこの女性の本意ではないということを信じ、もしそうだとしたらいちばんつらいのは本人であるということを感じながら関わって聞き取った言葉になります。

■発言四—9a(一五二頁)

なぜ私が普通に理解できているとわかったのですか。わかりました。初めて会った人はみんな私を怖がるのに、初めて会ったのに笑っている人は見たことがありません。人間として見られてうれしいですが、私をとてもかわいいとも思ってくれてうれしいです。はい、目を見ればわかります。（…）小さい頃はかわいいと言われてきたけれど、大人になるにつれ人間として見られなくなってずっと悩んできましたから、未来が開けてきました。私が顔をさわってもそむけない人も珍しいです。みんな顔をさわられると嫌がるのに、なぜですか。私の手を払わないのも不思議ですが、眼差しをみていると本当に嫌がってないので驚くばかりです。悩みが晴れていきます。私も私らしく生きたいのですが、どうすればいいのでしょうか。叩かれても痛くても笑っているなんて、少し不思議な人ですね。私の手はそんなに嫌ではないのですか。そうですか。まるで理解されたみたいでうれしいですが、理解されただけではどうしたらいいかまではわからないですね。困っているのがわかりますか。どうしたらいいと思いますか。私を〇〇〇（名前）さんと呼ぶ人も少なくて〇〇〇もうれしいです。（…）それが困っている最大の悩みですが、どうすればいいのかまったくわかりません。きっかけのことは思い出すのも嫌だけど、確かにきっかけによって変わったのは本当です。学校のときのことですが、まったく人間扱いされなくて、もうどうにでもなれと思ったら、なんのせいでもなく、勝手に言葉は出るし手も止められなくなりましたが、よくわかりましたね。今はいいけど、もう変わらないと諦めていましたが、私も変われるのですか。鏡はきらいですが、いい笑顔をしていますか。わかりました。諦めたらおしまいですね。ランプにあかりがともりそうです。（二〇一三年七月一一日）

▒発言四 ― 9b（一五〇頁）

いい方法ですね。小さいときからどうにかして話したいと思ってきたので、とてもうれしいです。誰にも言えなかった秘密があります。私は何度もずっとぼんやりと死んでしまいたいと思ってきたのですが、この間文章が書けてからとても生きる勇気が湧いてきました。小さいときはかわいいと言われてきたのでよかったけれど、だんだん何もわかっていないと言われるようになってから人間として見られなくなって、どうにでもなれという気持ちがしてくるようになりました。ずっと何もわからないと言われるのはとてもつらかったですが、とうとうわかってもらえるようになりました。つらかった日々も昔のことになりました。（…）晩になると感情がこみ上げてくるのですが、眠れない夜は何か考えているので大丈夫です。つらくはないし薬もいりません。飲むと変な疲れ方をするのでいりませんが、まわりに迷惑をかけてしまうのが悪いなと思っています。（…）人相がうまく作れないので困っていたけど、最近よく笑えるようになりました。だいぶ生活が変わりました。どんどんかわいくなれてうれしいです。人間だからどうにでもなれという生き方は悲しかったです。（…）ずっと先生にまた会えないかと思っていたので会えてうれしいですが、先生は若くないので残念です。（…）先生は私を一人の女として見てくれてうれしいです。ずっとすてきな王子様を待っていたけれど、まさかこんなおじさんなのかとちょっと悲しかったですが、今のせりふは面白かったです。また待つことにします。(…)人としてつきあいたいですね。私も名前で呼び合う関係にあこがれています。障害者なのにこんなことを言うのは生意気ですか。小さい頃から障害者としてしか見られなかったのでうれしいです。そうでした。たくさんとは言えないけれど、私はとてもかわいいと言われて得をしてきましたが、本当に人間として見てくれた人はかわいいということにはこだわりませんでした。(二〇一三年一一月一五日)

自分の行動がうまくコントロールできないことをめぐるつらさが言葉の中ににじみ出ていますが、「小さい頃はかわいいと言われてきたけれど」、学校時代に「まったく人間扱いされなくて、もうどうにでもなれと思ったら」、それを「きっかけ」にして「勝手に言葉は出るし手も止められなくな」ったということは、先の男性の言葉(発言四—8)と重なります。

一方、この発言の中には、「かわいい」という言葉や「一人の女として」という言葉が登場します。これは、人間として認められるということとは別の次元で、女性として認められたいという問題が存在していることを意味しています。

私たちのコミュニケーションの介助では、相手の手にふれなければなりませんが、それは基本的に普通の人間関係としてなされるものです。したがって、断りもなしに相手の手にふれるということはありえませんし、異性の場合には、当たり前の気遣いが必要になります。

しかし、こうした強度行動障害という状況に追い込まれているような「重度・最重度の知的障害」があるとされる人たちには、そのようなことは理解できないとの思い込みがあるので、そのような気遣いがされることはなかなかありません。

けれども、実はその人たちも豊かな言葉の世界を持ち、私たちと同じように考えているわけですから、一人の異性として関わることは当たり前のことのはずなのですが、残念ながらこの方は女性として認められることがなかったと言っているのです。

成長の途上、とくに思春期に、女性として認められていないと自覚させられたことの絶望感は、この方以外からも何度もうかがってきたことです。

以上、強度行動障害と呼ばれる状況に追い込まれた当事者の言葉を見てきました。強度行動障害の問題は、その人たちの内面に言葉があることとは別に、さまざまな真摯な取り組みがなされていることは、私自身も実際に目の当たりにしてきました。とくに卒業後の施設にあっては、施設によって取り組みはばらばらであっても、あるべき方向はかなり示されていると思われます。基本は相手を尊重することですが、そこに、豊かな言葉があるという事実と、示されている行動は意思によるコントロールがうまくいかずに起こっているものだとの認識が加われば、困難を乗り越える手がかりはもっとわかりやすくなるのではないでしょうか。

一方、強度行動障害と呼ばれる状況が生まれる場所の一つが学校です。細かな事実までが指摘されていたわけではありませんが、まちがった指導や子どもへの無理解がそうした状況に子どもを追い込んでいるという可能性はぬぐえません。いったん強度行動障害と呼ばれる状況に追い込まれると、その状況から抜け出すのに、大変な時間がかかるどころか、ここで問題にしてきたように、最悪は死に至る暴行の被害者になることすら起こってしまうのです。

特別支援教育に移行する際、特別支援学校では専門性のある教育が受けられることを標榜しています。そうであるならば、一部の教員の関わり方によって強度行動障害が生まれてしまうということは、あってはならないことではないでしょうか。

最近、改めて、強度行動障害について、きちんと述べておきたいと言ってきた方がいらっしゃいます。特別支援学校高等部を卒業して地域の施設に通所を始めた一〇代の男性です。自閉症と知的障害があるとされています。いささか長文になりますが、紹介します。

■発言四—10（一八〇頁）

今日は、僕の学校時代の想い出を改めて話しておきたいです。重たい話になりますが、なぜ今言えるかというと、最近落ち着いたからです。一度、これはちゃんとした文章としていつでも出せるようにしておきたいからです。

それでは、僕は学校時代のことについて今回きちんと話しておきたいと思いますが、僕たちのような「行動障害」があるとされる子どもたちが、いったいどんなふうに行動障害に陥っていくかということについて、僕はきちんと整理しておきたいと思っています。

前々から僕は、「行動障害」という言い方にとても疑問を感じていたのですが、それは、普通に「障害」というときには、必ず、生まれつき持っていたり、あるとき病気や怪我などにより起こってしまったできごとを指すのに対して、「行動障害」というのは、僕たちが生まれつき持っているものでもないし、何か病気や怪我により起こったものではないからです。普通に言えば、それは、環境によってそのように追い込まれたものだということになるので、それを障害という言葉で、僕たちのほうにだけくっついているようにみなすのは、本当に間違っていると思っています。僕にとって「行動障害」という言葉は、本当に胸をかきむしられるような言葉で、そのことについてどうしてもきちんと話をしておきたかったということになります。

まったく何も知らないでこの世に生まれてきた僕たちが、いったいどうして「行動障害」などというような状態に陥るのか、ということについては本当は長い長い説明が必要になるのだと思いますが、僕たちは何かを生まれつき持っていて、それが人との付き合いにおいてとてもむずかしい障害というかたちになってしまうのは、これはしかたのないことだと思っていますが、そのプロセスの中で、僕は僕たちに対する何がしかの行動の抑制が、僕たちからそれに対する反発を生み、その反発がどんどん固定化したり拡大化したりして、「行動障害」が生まれるものだと思っています。

人間は行動を抑制されると、それに黙って従うか、それに反発するしかないのですが、どれだけ抑制に対して我慢できたとしても、それはやはり限界があって、ある限界を突破すると、人は必ずその抑制に対して反発するものではないでしょうか。僕は、そのことを身をもって体験してきたので、そのことをきちんと整理したくなったというわけです。

僕が、一番つらいと思っているのは、僕たちの仲間の中に、この「行動障害」のために、まるで人生を絶望しきってしまったようなまなざしの仲間が生まれてしまっていることです。だから、僕は、この問題に関しては、一刻の猶予もおくことができないと思っています。

そして、とくに、薬の処方などによって、完全に自由な人格までも抑圧されてしまう仲間の姿を見ていると、今、この国で起こっている人権侵害の中でもこのことはとても大きなものなのではないかと思うので、そのことをどうしても伝えたくなりました。

僕たちは、もともと確かに対人関係には困難があって、そもそも相手の目を見ることがむずかしいということから始まって、うまく人づき合いができない中で、社会の中に、放り出されるわけではないですが、社会の中に身を置くことになってしまいます。

普通に僕たちを当たり前の子どもとして扱ってくれれば、僕たちもそんな大変なことばかりをするわけではないと思うのですが、僕たちは、どうしてももう一つのハンディとして、「衝動的に体が動く」という部分があって、席に座っていなければならないときに、席から立ち上がってしまうということなどは本当によく起こることです。

幼稚園などではそのくらいのことに目くじらを立てて叱るということはないのですが、小学校に入るとどうしても、授業中に席を離れるというのはよくないこととされているので、学年が進むにしたがってそのことに対しての締め付けは厳しくなっていきます。

締め付けといってもただ強制的に座らされるだけなのですが、強制的に座らされるということは、僕たちにとっては内側からあふれてくる衝動を抑え込まれるわけですから、大変なストレスがかかってしまいます。

そのためにその抑えつけられる動きに対して反発をすることが少しずつ始まってしまいます。僕にはとても悲しいことだと思うのですが、僕たちは、衝動的に行動を起こしてしまうというハンディがあるわけですが、いったん、相手に対して、衝動的に反発をしてしまうと、そのこと自体がコントロールがきかない一つの行動として自分の体にしみついてしまいます。

そこがもし、自分たちで簡単にコントロールできるのであれば、こんなに苦しむことはなかったのですが、相手に対する反発もまた衝動の行動の一つとなってしまうと、悪循環が始まってしまいます。

例えば、抑えつけられていないときでも、相手に対して何か攻撃的なことをするということが起こることがあります。最初は本当に嫌なときにしかそういう行動は起こらないのですが、しだいに相手が誰であれそういう行動が誘発されるようなことも起こってしまいます。

僕はそういう相手に対する攻撃的な行動を抑える方法として、自分の体に向かうことを一生懸命考え出しました。その行動自体も大変な問題行動なのですが、僕は服をちぎったり、時には自分の手をかんだり、そういうさまざまな行動をすることによって、相手に向かって攻撃的にならないようコントロールしてきました。

だから僕はそんなに強く抑え込まれることが少なかったのですが、仲間の中には、そのまま相手に向かっていく行動を抑え込む術《すべ》もないままに、その行動を起こしてしまい、さらにもっと抑制されてしまい、そのことでさらに衝動的で攻撃的な行動が身についてしまうという悪循環に陥る仲間が出てきます。

ちょうど、体が大きくなっていく時期と重なってくるので、同じ行動をしても、僕たちにとっては同じ行動が、相手にとってはもっと大きな力で反発が返ってくるということになるわけなので、よけいに抑制しようという働きが強くならざるをえなくなってきます。先生一人では無理になると二人で抑え込んだり、そのうちそれではもう無理なので病院に行って薬をもらうしかないということになっていきます。

こんなことは、本人が言わないとなかなかわからないことなので、思春期の問題とかいろいろ僕たちの内面に起こるさまざまな内側の問題として処理されることが多いですが、それはすべて外からやってきたものなので、僕たちからすると、僕たちの側に責任を求められるのはとても苦しいことになります。

ただ、誰もそのことを言っていないのですが、少しずつ、「行動障害」は、二次的障害だという考えも広がりはじめているので、すべての人がこのことに気づいていないわけではないことは知っていますが、大半の先生たちは、やはり「行動障害」を私たちのほうの問題と考えているので、学校では本当に大変な事態が進行していると思います。

僕は、通所施設に行っていちばん驚いたのは、席を離れるぐらいでは、誰も僕たちを抑制しようとはしないということです。当たり前と言えば当たり前なのですが、やはり学校にはいくつかのきまりがあって、そのきまりを守らなければいけないということがあまりにも多すぎるので、そのために抑制する場面が増えてしまうのでしょうが、一つずつ抑制する場面が減っていけばいくほど、ゆっくりではありますが、僕たちの体の中から、衝動的な行動が少しずつ減っていくのが僕にもよくわかりました。僕の場合は、相手に向かうのではなく、自分に向かう行動が少しずつ減っていくことで、それが感じられたのですが、自分ではなかなかコントロールできないものでしたが、周りがゆったりとした環境になっていくと、自分の中の衝動は少しずつ消えていくのがよくわかり、本当にこれは環境の問題であるということを日々実感しています。本当に大変だった人も落ち着いていくのを目の当たりにしているので、この問題については、本当にゆったりとした環境で僕たちを見守るというのが一番だと思うのですが、そのことをまだまだしっかりと認識している研究者や学校の先生が少ないので、まだまだ事態は動いているようには思えません。

ところで僕は、こういう僕たちが通常学級で勉強するということについては、どうなるのかというふうに改めて考えてみました。僕たちのような衝動をあらかじめ内側に抱え込んでコントロールがむずかしくなった子どもがいきなり通常学級に行くということは、やはりとてもむずかしいことになると思います。学校というのはただでさえきまりが多いところなので、僕たちが入ってそのきまりをすべて無効にしてしまうということは、現実の社会では考えられないことなので、僕はいったん行動がむずかしくなってきた子どもがすぐに通常学級に入るというのは、やはり理想ではあっても現実的には困難であろうと思います。だからこそ小さいときからそういう衝動的な行動が起こらないような関わりの中で、少しずつそれでも通常学級で過ごせる実例を増やしていって、最終的にどこまでスムーズにインクルーシブ教育が進むのかは僕には未知のことになりますが、少しずつインクルーシブ教育が進めば、僕はかなりの友だちが自然に入っていけるのではないかと思ってます。

しかも、通常学級の子どもたちは、学校の先生ほどには抑圧的ではないというのを知っているので、環境としても本当は多くの子どもがいる中にいるほうが僕たちは落ち着くのではないかと思っています。

僕には経験がないのですが、小さいときから通常学級で過ごしてきた自閉症のお子さんたちは、もしかしたらその子どもたちのおかげで衝動を内にたくわえることが少ないということがあるのではないでしょうか。だから、これからたくさんの試行錯誤をして、僕たちのようなむずかしい問題を抱えている子どもたちがちゃんとともに学ぶことができるような可能性を本気で探ってもらえたらありがたいなと思っています。

みんなの個性がそれぞれ自然に花開いて、ある人の個性が誰かにとってはとても貴重なものであるというかたちで、本当に響き合えればいいのではないかと思っています。だから僕は本当に平穏な日々が訪れたときに、自分の中から何が生まれ出てくるのかをとても楽しみにしているところです。まだまだこれからなのでこれからのことは本当に楽しみですが、少なくとも失われた十数年の時間に対しては、これから生まれてくるであろう僕たちの後輩に対して同じ道を歩ませたくはないので、このことをきちんとさせたいと思っています。

それから僕は今、僕の障害を僕自身がどのように受け止めていくかということについて、悩んでいるわけではないですが、さまざまに考えをめぐらしているところです。

僕は障害の仲間の中にすごくかっこよく、僕たちはもう一度生まれ変わるとしたらこの同じ障害でもいいと言いきる仲間がいることをとても誇りに思っているのですが、それはもちろんさまざまな深いニュアンスを帯びているもので、簡単に理解できるものではないと思いますが、いちばん根底にあるのは僕たちのこの人生を根本から肯定するということだと思うので、僕は僕自身の人生を根本から肯定できるのかということをずっと考えてきました。

まだ高校生のときにその言葉を聞いたときには、僕には僕の葛藤に追い込まれていった自分の人生と、穏やかに花開くかもしれない自分の人生の区別がつかなかったので、もう一度この葛藤にたたきこまれるということはとても耐えがたいことであると思ったので、そう言いきれる仲間の存在がとてもうらやましかったのですが、僕にとっては穏やかに花開く人生を少しずつ実感しはじめてくると、なるほどこの僕の人生をもう一度生き直せと言われたら、それはそれであるかもしれないというふうに考えられるようになりました。

あの学校時代の日々がもし平穏な日々であるならば、きっとそれはもう少し静かに穏やかにゆっくりと考えられるものなんだろうなと思いました。あのような殺伐とした日々をもう一度過ごすのはごめんこうむりたいということがありますが、僕のこの今の僕しかわからない世界は、そう簡単に否定しつくしていいものではないので、例えばもう一度生き直すことで僕のこの今の人生の価値を人に伝えられるということであるならば、僕は生き直してもいいのかもしれないと、ようやく思うことができるようになりはじめています。

僕はもちろん生まれ変わりというのを信じているわけではないので、これはすべて仮定の物語なので、本当に言いたいことは、今の自分のこの人生を自分自身は根底で肯定しているということになると思うのですが、ようやくそのことが具体的に感じられるようになってきたので、本当にほっとしているところです。

それから僕が今こうしてこういうことを話せているということは、まだ受け入れられていない方法によって話していることなので、まだまだ客観的には世間の同意を得ることはむずかしいと思います。だから僕は、このことは自閉症当事者の言葉として伝えたいことではあるのですが、例えばある研究者が考えたこととしてそのまま伝えてもらっても、それがもし後輩のためになるのなら、しかもまた、僕たちを取り巻く人の僕たちの関わり方を変えるものであるならば、今はまだ僕たちの言葉でなくてもいいのではないかとさえ思っています。（…）

最後に、僕はこういう主張がなかなか世の中に取り入れられないことは知っているけれども、少なくとも僕は、やまゆり園の事件を起こした犯人の言葉よりもより深いはずだし、そのことも含めてこういう考え方をきちんと世の中が受け入れないかぎり世の中はあの犯人を超えることはできないと考えているので、僕としてはどうしてもこのことをきちんとまとめたいと思ったというわけです。（二〇一九年八月二六日／世田谷区ＲＡＹ〈玲〉）

第五章　津久井やまゆり園事件によって問われたもの

一．いのちの価値をめぐって

（1）かけがえのないいのち

二〇一六年七月二六日未明に、相模原市にある知的障害者の入所施設津久井やまゆり園で、施設利用者一九名（男性九名、女性一〇名）が死亡し、施設利用者二四名（男性二一名、女性三名）が負傷、施設職員も三名が負傷するというあまりにも痛ましい事件が起きました。

このことについてこの事件の犯人は、衆議院議長宛の手紙の中で、「私の目標は重複障害者の方が家庭内での生活、及び社会的活動が極めて困難な場合、保護者の同意を得て安楽死できる世界です」と述べています。また、逮捕後の供述として報道された言葉では、標的にした相手を「意思の疎通のできない人」という言葉で表現していますが、彼は、「重複障害者」や「意思の疎通のできない人」には生きている意味や価値がないという考えのもと、蛮行に及んだことになります。

もちろんそのような考えをとうてい受け入れることはできません。私は、自分の専門は重度・重複障害児の教育としており、そうした方々と長年にわたっておつきあいしてきたわけですから、彼のこうした言葉は挑戦状のようなものにも感じられました。

言葉によるコミュニケーションに困難があるとされる人々の生きる意味や価値をどのように論じるか、それは、単純明快に人間のいのちは等しく価値があると言い切ってしまうこともできるようにも思いますが、障害のある人たちとともに考えた自分なりの考えは示しておきたいと思います。
私自身も、ずっと前からこうしたことについての一定の答えを求めていたのは事実です。ただし、それは、犯人のように懐疑の末の問いではなく、障害の重い子どもたちとの関わり合いの経験と、そのご家族や周囲の方々の真摯な姿を通して、障害の重い子どもたちの存在意義とはどのように考えることができるのだろうという、きわめて前向きの問いでした。三〇代前半には、このような文章を書いたことがあります。

「障害が重く重複しているために、人間行動の成り立ちの初期の段階にとどまっており、ほとんど寝たきりの（…）子どもたちが、その仰向けの姿勢の中で、様々な世界を築き上げているということについて、われわれはその子どもたちとの教育的な関わり合いの中から明らかにしてきた。常識的な通念では、仰向けで寝たきりというと、目立った反応もなく植物的な状態で、人間としての主体的な営みを認めることもできず、ただ、生命のみが維持されているように考えられがちである。しかし、それに反して、子どもたちは、その子自身のやり方で外界を受容し外界に働きかけているのであり、しかも、それがわれわれのやり方に比して、どんなに劣ったもののように見えようとも、実は、きわめて豊かな意味を内包したものであり、むしろ、われわれの世界よりも豊かである場合もあるかもしれないのである」（柴田、一九九〇）

半分以上は、私の先生の考えをそのままなぞったものでしたが、こういう言葉を重ねながら、自分の足下を確認してもう一歩踏み出そうとしていたのだと思います。

今回、あらためて、「重複障害者」あるいは「意思の疎通のできない人」と名指しされた人々の存在の価値を、私が日々出会う障害のある人々とともに問い直しながら、しだいに浮かび上がってきたのは、「かけがえのなさ」というものでした。

事件の当日、全国手をつなぐ育成会という親の会の全国組織から、二つの文章が出されました。一通は、「津久井やまゆり園の事件について（障害のあるみなさんへ）」（久保、二〇一六a）という障害者に向けた文章であり、もう一通は「神奈川県立津久井やまゆり園での事件について（声明文）」（久保、二〇一六b）という社会に向けた声明文でした。

前者は、「もし誰かが『障害者はいなくなればいい』なんて言っても私たち家族は全力であなたたちを守ります。ですから、安心して、堂々と生きてください」と結ばれる文章で、ニュースキャスターが涙を流しながらこの文章を読み上げたことを鮮やかに記憶しています。

また後者には、次のような一節がありました。

「私たちの子どもはどのような障害があっても一人ひとりのいのちを大切に、懸命に生きています。そして私たち家族は、その一つひとつの歩みを支え、見守っています。事件で無残にも奪われた一つひとつのいのちは、そうしたかけがえない存在でした」

この二つの文章が出されたのは事件の当日です。間髪を入れずに迅速に発せられたこれらの言葉は、親にとって、改めて考えるようなことではなく、きわめて自明のことだったということを示しています。そして、その中に、「かけがえない存在」という言葉があります。

この「かけがえのなさ」は、「一つひとつの歩みを支え、見守っ」た体験を通して心の底から実感させられたものに違いありません。とりわけ、「一つひとつの」という言葉に、その体験の厚みや重み、長さを感じずにはいられません。

次の言葉は、重度の知的障害があるとされる二〇代の男性と重症心身障害と呼ばれる状況にある三〇代の女性の対話として語られたものですが、亡くなった方に言葉があったことを語ることの重要性とともに、すてきな思い出を語ることが大切だと述べています。そして、これは、声明文で語られている「かけがえのなさ」に通じているにちがいありません。

■発言五―1a（二〇六頁）

きちんと僕は今日言いたいと思ったのは、僕たちにもちゃんと言葉があるように、あの施設で亡くなった仲間たちにもちゃんと言葉があったんだよということです。その上でもう一度あの人たちの死を、名前は隠してもいいけれど、例えば写真だけは出したり、写真もいやならそれでもいいけれど、すてきな思い出をもっと語ってほしいと思いました。すてきな思い出は必ずみんなあったはずなので、そういうものを語りつつ、実は本当はすべてを理解していたというふうに理解してあげないと、やはりあの人たちの魂は永遠に安らぎを覚えることがないような気がしています。（二〇一六年九月一七日）

■発言五—2a（二〇〇頁）

K君（発言五—1の男性）も言ったように、そんなむずかしいことの前に母さんたちは、すてきな思い出をテレビカメラの前で語るべきだったと思います。顔は出さなくていいし、名前も出さなくていいのですが、やはり同じ人間として、豊かに生きてきた体験をお母さんならではの言葉で語ってほしかったと思いました。確かにこういうやり方があれば、言葉があったことを証明できますが、母さんたちにとっては、言葉あるないは関係なく、一人の人間としてとても素敵な思い出や経験をしてきたわけだから、それをしっかり言わないと、犯人どころではなくて、世の中の人がまったく理解してくれない気がして、それがつらかったけれど、どうしていいかわからなかったときに、K君の言葉がやっぱりとても説得力があって、私はじいんときました。（二〇一六年九月一七日）

ともに、世間からは言葉がない者とされてきたけれど、母親をはじめとして多くの人が自分たちと過ごした時間をよい思い出や経験と呼んだことを身をもって知っている人の言葉です。

ところで、広く世間を見渡すと、こうした具体的なかけがえのなさを事件直後に思い起こすことのできた人は多くはいなかったようでした。だから、世間は、犯人のメッセージに大いに動揺させられたように見えました。犯人のメッセージをそのまま肯定する人は、ネット上の匿名の人たちを除けば、ほとんどいないように見えましたが、きっぱりと否定する人もいないように私には思われました。その問いをあっさりと否定しうる「かけがえのなさ」の体験がなかったからでしょう。「意思の疎通が困難」とされる人々が、社会から隔離されているということも、その原因の一つと言えるかもしれません。残念ながら、体験だけでは不十分であることも施設職員だった犯人は図らずも示してしまいましたが、体験がなければ、そのような人々の存在のかけがえのなさの感情は育つべくもありません。

このことを、インクルーシブ教育の観点から以下のように述べた二〇代の男性がいます。これは、私たちが当事者とともに二〇一六年の春から開催している「介助つきコミュニケーション研究会」で、この事件についての当事者によるシンポジウムを開催したときに語られた言葉です。彼には重い身体障害がありますが、小学生の頃より手を添える介助による五〇音表のポインティングによって意思を伝えてきました。

■発言五—3

僕は、あの植松聖容疑者がどうして僕たちを殺す気持ちになったのか、一番大きな原因は、日本にまだインクルーシブ教育が確立していないからだと思います。インクルーシブ教育というのは最近はやるようになった言葉ではありますが、もともとは統合教育といってずっと昔から実践されていたことが、時代の流れの中でかたちを変えてきたものですが、インクルーシブ教育に関しては、例えばイタリアにはもう特別支援学校はありませんから、どんな子どもも地域の学校に行く体制が整っているということになります。そういう社会が早く日本にも来てほしいのですが、何が言いたいかというと、もし、小さいときから僕たちときちんと時と場所を共有していたならば、僕たちのことがよくわかるはずですから、憎いと思ってもまさか存在を抹殺しようとまでは思わないのではないかということです。もちろん例えば僕が植松君をけちょんけちょんにやっつけたとしたのなら、彼に殺意が湧いてくるのもわかりますが、そういうことではなくて、ただ彼は「お前みたいな奴は生きていてもしょうがない」というふうにして殺すわけですから、そういう感情を抱くということはないと思います。（二〇一六年一一月一九日／太田純平）

事件から半年を経て、NHKがインターネット上に作った「19のいのち」というサイトが多くの共感を呼びました。これは失われたいのちのかけがえのなさを具体的な一人ひとりの姿に即して明らかにする試みで、こうしたまなざしが半年を経て社会の中で醸成されてきたことには、一つの救いを見る思いがしました。

（2）豊かな言葉の世界の存在

ところで、すでに当事者の意見にもあったように、本書では一貫して、意思の表出の困難な人々にも、豊かな言葉の世界があることを主張してきましたが、この事件の被害者もまた例外ではありません。だから、当事者（障害当事者のことで、事件の当事者ではありません）は、まっ先にこのことを問題にしました。重症心身障害と呼ばれる状況にある三〇代の男性と重い知的障害があるとされる二〇代の女性です。

■発言五―4a（七四頁、一四〇頁、一七四頁、一九五頁）

世間の人たちに向かっては、僕たち障害者も年相応の考え方や意見を持っていることを伝えたいです。当然、人権も認めてもらいたいし、社会の一員として認めてもらいたいです。

（二〇一六年七月三〇日／大野剛資）

■発言五―5（四六頁、一四五頁）

私たちにとっては、どんなに障害が重くてもみんなしっかりした気持ちを持っていることは疑いようのないことです。でも残念ながら、専門家も含めてわかっていない人が多く、判断能力や大人としての感情があることを受け入れてもらえません。だからあの容疑者は私たちを不必要な存在だと決めつけました。（二〇一六年八月三日／小古間晴菜）

そして、さらに、被害者の方々には言葉があったということだけでなく、その一人一人の思索の内容にも及ぶ発言が見られました。**発言五―6**の方からはそれぞれ、重症心身障害と呼ばれる状況にある三〇代の男性、知的障害があるとされる五〇代の男性、盲重複障害があるとされる六〇代の女性です。

■発言五―4b（七四頁、一四〇頁、一七三頁、一九五頁）

世間の見方を僕は改める必要があると思います。なぜなら、一人一人きちんとした考えを持っていることを前提にしないで、何もわからない人たちでも殺されるのは間違いだということしか語られていないからです。だけど、重要なのは亡くなった人たちにもしっかりした考えや感情があって、がんばって生きているというよりも、人生の価値を深いところで見通して生きていた人たちであることを理解した上で、すべての議論はなされるべきではないでしょうか。

（二〇一六年八月八日／大野剛資）

■発言五―6a（一八七頁、一九七頁）

ばかにされようとも気高く生きた人たちよ
天国でこの事件の推移をじっと見守っていることだろう
わざわざ世の中に訴えないと
あなたがたは何もわからない人たちが
何もわからないまま殺されたことになってしまう

だけどそれではあなたがたのいのちはむだに失われたことになってしまう
私たち残された者たちは声をふりしぼって叫ぶ
みんな深い思索に満ちたよい人生を生きていた人たちだと　（二〇一六年八月一六日／田所弘二）

■発言五―7

みんなひっそりと寝静まった夜の闇の中で、ふと私はあの悲しい事件を思う。理性のはてに私たちを否定した犯人はいったい何に苦しんでいたのだろうか。冷酷な勇気をなぜあそこまで育てたのだろうか。私たちの仲間にも一人一人夢があり願いがあった。わずかなわずかな理解者しかいなかったとしても、仲間たちは幸せをかみしめながら生きていた。なぜそのことに気づくことなく、わざわざ自分の人生をだいなしにしてまで行為に及んだのだろうか。

私たちはただ何も考えずに生きている悲しい存在ではない。りっぱな人間ではないけれど、みんなかけがえのないいのちを生きているとてもやさしい人たちだ。私たちは私たちらしく生きようとふだんから一生懸命生きている。なのに犯人はやまゆりの花を無惨に残らず踏みつぶしてしまった。（二〇一六年八月二三日／小谷真木夫）

■発言五―8a（一九四頁）

どこかで悲しいできごとがありましたよね。施設の人が殺されたということと、何もわからない人たちという言葉を聞いたのですが、みんなよくわかっているはずだし、生きる意味を深く味わっていたことは間違いのないことなので、ぜひそのことを伝えてほしいです。どこの誰かもわからないけれど、みんな私たちと同じ立場だったと思うのでとてもつらかったです。

（二〇一六年八月二四日）

同じ立場に立つ人々は自身の経験に照らし、被害者に対して、「人生の価値を深いところで見通して生きていた」「気高く生きた」「深い思索に満ちたよい人生を生きていた」「かけがえのないいのちを生きているとてもやさしい人たち」「生きる意味を深く味わっていた」など、さまざまな表現を与えています。なお、最後の発言は、施設で長年暮らしてきた人の言葉です。神奈川から遠く離れた地方の施設にいながらも、自分の人生と重ねて深く心を寄せることによって語られたものでした。

ところで実は、事件の前に、きんこんの会には津久井やまゆり園で暮らしている方が参加しています。やまゆり園の中で筆談に取り組みはじめていた職員の方が、施設の利用者の方をお連れになったのです。実際にきんこんの会では、介助つきのコミュニケーションを通して、当たり前に話をしていただきました。

だから、この事件は、そのことを知っているきんこんの会のメンバーや私たちにとって、とうてい他人事ではありませんでした。被害に遭った人たちの中にはきんこんの会の参加者はいないということを、事件の翌日に伝え聞き、その瞬間はほっとしましたが、亡くなられたり傷つけられた人々のことを思うと、とうてい「よかった」という言葉を発することはできませんでした。

被害に遭った津久井やまゆり園の方々というのは、そのようにして、私たちとはつながりのある人々でしたので、その存在が正しく理解されていないということについては、いっそうもどかしいものを感じざるをえなかったのです。

（3）専門家やマスコミの見解に対して

社会一般ではなく、専門家やマスコミの見解についても、残念ながら、上述したような被害者像はほとんど見られず、その多くが、重度の知的障害者を何もわからない人であると前提した上で議論が展開されていたように思われました。

事件の直後ですが、次のような経験をした方がいました。積極的に行動する二〇代の男性で、重症心身障害と呼ばれる状況にあります。

■発言五―9

僕は今回の事件のことで、あるところに投書をしました。しかし、どんな人がどうやって書いたかとしつこく聞かれてしまい、やはり僕たちの言葉はまだまだ市民権がないと感じましたが、どこに僕たちがのびのびと意見を言える場所はあるのでしょうか。どんなにがんばっても僕たちの意見は届かないのでしょうか？　真っ先にこの事件の本当の悲しみを知っている当事者にこそ意見を求めるべきではないでしょうか？　でも、当事者は何もわからないとされているから、仕方ないとはいえ、いつになったらこの堂々めぐりから解放されるのでしょうか。堂々めぐりを今回ほど歯がゆく思ったことはありません。だから僕たちは僕たちの声を聞いてほしいと、大きな声をあげたいと思います。（二〇一六年八月八日／里見英則）

この状況は、今にいたるまで大きな変化はないと言わざるをえません。

専門家やマスコミ等は、重度の知的障害者が何もわからない人だという認識をあからさまに口にすることははばかられたようでしたので、そうした明言を繰り返し聞かされることはなかったのですが、そうした社会一般の通念をあえて否定するという声はもっと語られませんでしたから、結果的にそうした通念を追認していたと言ってよいのだと思います。

そして、そのような状況に対して、次のような言葉が語られました。コミュニケーションはある程度できる二〇代の男性で、自閉症とされている方です。

■発言五―10a（一九八頁、二〇六頁）

僕はこの事件が起きたときから一生懸命新聞やテレビをくまなく見続けてきました。幸い字の情報は僕にはとらえやすいので、みんなのためにも僕の役割だと思って一生懸命見ていましたが、何人かの専門家がはっきりと意識のない人という言い方をしていたのを僕はしっかりと目に焼き付けています。その人たちに何の悪気もないとはいえ、明らかにちゃんとした事実を認識していないということが感じられたので、僕はその専門家たちに、いつかきちんと反論しなくてはいけない。（二〇一六年八月二五日／田中啓一）

犯人の考えに共感する意見がネット上で見られたとはいえ、専門家やマスコミは、どんないのちも平等だという立場から犯人の行為と思想は正面から否定しました。しかし、「意思疎通のできない」とされる障害当事者は、彼らが自分たちを正しく理解していないと語っているのです。

次の発言は、小学校高学年の女子のもので、同様のことをさらに激しい口調で述べています。彼女は重度の自閉症と呼ばれています。

■発言五—11

私はこの間の事件についてとても悔しい思いでいっぱいです。私たちの言葉をどうしても信じてもらえないから、いつまでも私たちは何もわからない人間として見なされ、憐れみと同情の対象に成り下がってしまいました。本当の私たちには言葉があるだけではなくて、心の奥底に豊かな気持ちを深く沈ませて生きていることなど、まったく想像だにできないことでしょう。でも私たちには深い悲しみの中で湧き起こる情念の炎が熱く熱く燃えていて、私たちはいつか必ずこの熱い情念の炎を世の中の人たちにつきつけてみたいと思う。偉そうに私たちを代弁したかのような学者やマスコミの人たちこそ、今もっとも私たちを侮辱する人たちだ。だから、私は容疑者にではなく、世の中の人たちにとても許せないという感情を持たずにはいられない。
（二〇一六年一〇月二八日／K・M）

この文章は、事件から三か月後に書かれましたが、時間の経過とともにこうした思いはいっそう強まり、激しいものとなったということでしょう。

さらに、彼らは、話のできる障害者もまた自分たちを正しく理解していないと語っています。まず、**四—10**の発言をした重度の自閉症の男性の、高校生のときの言葉です。

■発言五—12（一五五頁）

まったく理解できない人などいないのに、誰もそのことを言おうとはしないので、まったくどうしようもないし、障害者で普通に話せる人たちも、どうしてなのかわからないが、自分たちとは違うかわいそうな障害者と見ているのでどうしようもないのですが、律儀にも何もわからない障害者と言って縷々述べても、私たちには無意味な言葉にしか聞こえません。（二〇一六年八月二六日／世田谷区ＲＡＹ〈玲〉）

世間の人だけでなく、今回の事件で意見を述べた障害者もまた、自分たちを「理解できない人」と見ていることに対して不満が述べられています。ここで「縷々述べて」というのは、おそらくいのちの尊厳や平等などについて述べていることを指していると思われますが、こうした話のできる障害者の意見が間違っているというわけではありません。しかし、世間の理解に反して重度の知的障害者にも言葉があることを明言しないかぎり、現状の無理解を追認しているということであり、どんなに正論が述べられても、自分たちを「かわいそうな障害者」としてしか見ていないから「無意味な言葉にしか聞こえ」ないと言うのです。

次の文章は重症心身障害と呼ばれる状況にある二〇代の男性のもので、同じ認識をいっそう鋭く語っています。

■発言五―13a（四一頁、五四頁、一九三頁）

人間だからみんな同じだという言葉はたくさん語られているけれど、まったく無視されているのは、被害者にもきちんとした言葉があったのではないかという可能性について何も語られないことです。人間なら別に言葉があってもなくても関係ないというのは正しいかもしれませんが、僕は言葉があるかどうかで現実には大きな差別があることに目をつぶるわけにはいきません。なぜなら、どうしても人間だけど人間より少し劣った存在という理解を容疑者も世の中の人も話ができる障害者もしていて、まるで僕たちはかやの外に置かれているのではないかと思うし、理想だけ語ればそれで容疑者には十分だと言わんばかりの論調の背後で、僕たちはまた差別の厚い壁の向こうに追いやられてしまうのです。だから何としても亡くなった仲間たちの尊厳を回復して、僕たちが差別の壁をみずから壊さないかぎり、この事件の本当の解決は得られません。(二〇一六年九月一二日/藤村元気)

まず、問題とされているのは、犯人の考えを否定するために「人間なら別に言葉があってもなくても関係ない」という言い方をするのはいいけれど、「被害者にもきちんとした言葉があったのではないかという可能性について何も語られない」のは、不当だということです。あえて「可能性」という言葉を使っているのは、「きちんとした言葉があった」かどうかを世の中の人々が確定的に言うことができないことは認めますが、せめて可能性にくらいは言及してもいいのではないかということでしょう。そして、その不当性が「話ができる障害者」にもあてはまることにも深く失望しているのです。そして、被害者の言葉の可能性が語られない現状では、自分たちの言葉の可能性もまた顧みられることがなく、自分たちは世間だけでなく、話ができる障害者によっても「差別の厚い壁の向こうに追いやられてしまう」と述べているのです。

「話ができる障害者」とは、この事件に際して、いろいろな障害者がコメントをしたことを指しているわけですが、この事件においては、犯人の主張を否定するためには、犯人の言うところの「意思疎通のできない人」の生きる意味をまずは語らねばならないのは当然であり、そのことはすでに繰り返し述べてきたことです。おそらく、それを「話ができる障害者」が述べるとき、その方は、意思疎通のできない障害者も話のできる障害者もともに同じ立場に立っているものとして、主張していたはずです。おそらくそれ自体はまったく正しいのだと思います。その言葉は、犯人に対してというよりも、社会に存在する差別的な考えに対して強く抗議していたはずです。

しかし、この事件では、犯人は、意思疎通のできる者とできない者の間に、明確な境界線を引いてみせました。話せる障害者から見ると、そんな境界線は引いていないということになるのかもしれません。その線が、差別という境界線であるならば、確かに話せる障害者はそんな線など引いてはいないでしょう。しかし、意思疎通ができる者とできない者がいるという事実としての境界線は、引かれているはずです。

ここで、意思疎通のできないとされる当事者が問題としているのは、意思疎通のできる者とできない者との間に引かれてきた事実としての境界線そのものを、もう一度見直すべきだということなのです。

いささか言葉が過ぎてしまいますが、私は、話のできる障害者は、重度の知的障害者とどのような関係をこれまで築いてきたかについて、語る言葉をまだきちんと持っていないのではないかと思います。それが、経験の欠如なのか、言語化することのむずしさなのかはわかりませんが、事件の当日にすぐに声明を出した親の会とはその点が違っているように思うのです。そのこと自体はまったく責められるべきことでもありません。ただ、このようなことが、まだ十分に語られていないことの問題はしっかり認識しておくべきではないかと思います。

これらのことと対照的な事実がありました。それは、いわゆる話せる障害者である福岡在住の利光徹さんのことです。利光さんは、障害者運動の歴史では必ず取り上げられる「全国青い芝の会」で事務局長を務めるなどしてきた方ですが、それまで言葉がないとされてきた障害者にも言葉があるのではないかという私の主張に賛同し、きんこんの会にも頻繁に参加し、きんこんの会のメンバーの主張にじっくり耳を傾け、交流を深めてきました。

その彼が、事件の当日、私にすぐに電話をしてきたのですが、彼が言ったのは、被害者の中に私の知り合いはいないのかということでした。障害者運動の先頭を走ってきた利光さんが、この事件を、他の話せる障害者と同じように、社会的な広がりのある問題としてとらえたことは疑いようもないことなのですが、この電話は、その立場からではなく、ただ、知り合いの安否を心配するものだったのです。利光さんは、長い時間をかけて、意思疎通のできる者と意思疎通のできないとされてきた者との間にあった境界線を壊し、新しい関係を築いていたのだと言ってよいと思います。

話すことのできる障害者が、社会のほうを向いて闘いを続けるということは、きわめて重要なことです。ただ、今回の事件で、問われた重要な問いの中に、亡くなった方はいったいどういう存在だったのかというものがあります。言葉があり、深い思いがあるのだという当事者からの問いかけが、もっとも近くにいるはずの話せる障害者にも届かないという悲しい事実は、二〇二〇年の一〇月現在でも、まだ、変わるところはありません。

二　優生思想について

(1) 犯人の思想

犯人は、衆議院議長宛の手紙の中で、「私の目標は重複障害者の方が家庭内での生活、及び社会的活動が極めて困難な場合、保護者の同意を得て安楽死できる世界です。重複障害者に対するいのちのあり方は未だに答えが見つかっていない所だと考えました。障害者は不幸を作ることしかできません」と述べていました。犯人の特異性は今回の事件では小さくないと思われますが、記されたこの言葉は、残念ながらこれまでも目にした、綿々と続いてきた考えであり、優生思想と呼ばれるものですが、この思想は、歴史上さまざまなかたちで顔を出してきており、最近は、新しい出生前診断の議論の中で語られ続けています。

今回、当事者たちは、この事件と出生前診断との間の関係を鋭く指摘しました。次の文章は、事件の当日、私の研究室を訪れた二〇代の男性によって書かれたものです。彼は全盲で重症心身障害があるとされています。

■発言五―14（七三頁）

まだ詳しいことは明らかになってはいませんが、つらいのは当然ですが、理想によって障害者が抹消されたことを僕は重大に考えています。なぜなら僕たちが世の中に存在する価値があるかどうかが問われているからです。わずかな希望は、このニュースを語る人も聞く人も失われたいのちはみな同じだと考えていることです。人間は生まれる前のいのちには違いをつけてしまったけれど、生まれたあとのいのちにはまだ違いをつけていないことがわかったからです。わずかな希望ですが、もう一度生まれる前のいのちもまた同じいのちだということがわかるきっかけになるかもしれません。（二〇一六年七月二六日／曽我晴信）

ここで「生まれる前のいのちには違いをつけてしまった」とは出生前診断のことですが、事件当日にこの文章が綴られたことの意味は大きいものがあります。それは、この当事者には、事件と出生前診断が地続きのものに感じられているからです。すなわち、犯人の優生思想を身近に育んできたものとして、自然に連想されたものが新型出生前診断だったのです。

犯人が言ったとされる「ヒトラーがおりてきた」というような言葉は、犯人の優生思想を育んだものが、あたかも時空を隔てた遠い世界にあり、不気味な思想との印象を生みますが、当事者にとっては、この優生思想を育んだものは、この数年の間に世の中に浸透している時代の空気だと感じられているのです。

そして、この事件をきっかけに、その出生前診断における生まれる前のいのちの選別にも見直しの機運が生まれることに期待していますが、残念ながらそのような議論が展開されるにはいたりませんでした。

次の文章は、この事件に際してある新聞社の取材を受けた発言五―6の男性が、出生前診断についてどう思うかという質問に答えて述べたものです。

■発言五―6b（一七四頁、一九七頁）

生まれる前と生まれたあとの違いをどう考えるかだと思いますが、僕は法律的には違うのはわかっていますが、私たちにとっては生まれる前のいのちと生まれたあとのいのちに違いをつけることはできません。分不相応と言われようとも両者には違いはないと言いたいです。だってもし楽な人生だけが幸せなのなら、みんな生きていても何の喜びもないはずです。オリンピックもパラリンピックもあえて困難を乗り越えるから喜びがあるのでしょうから。人間はみな平等だと言うけれど、私たちは何もわからない人間と言われてきました。でも何とかして私たちの声を届けようと努力してもなかなかわかろうとしてくれる人は少ないです。それは私たちなど本当は間違って生かされているという本音があるからではないでしょうか。どうしても私たちも同じ人間だと考えようとしてくれる人はすぐに理解してくれましたが、本当に少なかったです。実際に私たちの目の前でどうどうと言う人は、医者の中にも教師の中にもいました。でもどんなに無視されてもずっと私たちに寄り添おうとしてくれた人も少ないけれどいました。だから私たちは両方の考えが世の中の本音だと知っています。僕のヘルパーさんなど

まったく無名の人ですが天使のような人です。（二〇一六年八月一六日／田所弘二）

出生前診断をきっぱりと否定したあと、世の中には常に二つの考えが併存してきたことが語られています。なお、彼がじかに耳にしてきた教育関係者や医療関係者の言葉の中には、彼が言葉を理解していないと思って語られたものがたくさんあります。とくに、その場にご家族などがいなかったり、彼と二人きりのような場面で耳にした言葉には、その人の本音と言ってもよいものが含まれていたはずです。世の中の多くの人が「間違って生かされている」という優生思想を持っているということを、まさに彼は身をもって知ったのです。

その上で、「同じ人間だと考えようとしてくれ」「ずっと私たちに寄り添おうとしてくれた人も少ないけれどいい」たから、けっして世の中の本音は一つではなく、両方だと言い切っているわけです。このもう一方の「本音」についてはあらためて後述したいと思います。

ところで、今回の事件と新型出生前診断との近さを示す別の事例があります。それは、町田市障がい者青年学級と町田市の知的障害者の本人活動「とびたつ会」でのできごとです。この事件が起きて、青年学級とともびたつ会では繰り返し議論を重ねましたが、九月二六日と一〇月一日に、自分たちの歌を歌う機会がありました。一つは横浜市の通所施設の研修会であり、もう一つは町田市で開かれた「とっておきのコンサート」というイベントです。その中で、第三章で紹介した新型の出生前診断をめぐるいのちについての歌を歌ったのです。そのうちの二曲の冒頭の歌詞を記します。

「小さい涙がすっとほほを静かに流れた／みんなを亡き者にするという冷たい言葉を聞いて／われわれが生きてゆける場所はもうどこにもなくなりそうだ／もうじき夜明けが来ると思っていたけれど／どこにもその気配さえ見られなくなった」（一〇四～一〇五頁）

「僕らは怒りを感じてる／奪われるべきいのちなどどこにもない／生きることこそすばらしい／生まれなければ感じないこと」（一一三頁）

まるで、今回の事件をそのまま歌にしたかと錯覚するような歌詞でした。そして両者の歌の末尾はそれぞれ次のように結ばれます。

「おんなじ空気をすっておんなじ水を飲み／おんなじ血が流れているおんなじ人間だ／人間という言葉がこれ以上壊されないように」（一〇五頁）

「生きていてよかったと／生まれてきてよかったと／この声でこの歌で伝えたい／尊いいのち」（一一四頁）

新型出生前診断と今回の事件がいかに同じ根っこから生まれたものか、おわかりでしょうか。

ところで、私は事件の当日、**発言五—14**の文章とともに、次のような文章を自分のブログに掲載いたしました。

全て明らかになるのは、これからだが、最低限のことを述べておきたい。

犯人の青年個人だけを見れば、そこに見えてくるのは、きわめて個人的な挫折や抑圧などだろう。しかし、その鬱屈した感情に言葉を与えたのは、社会の無意識、あるいは社会の暗部に存在する思想なのではないか。彼が引き寄せたと言うのがいいのか彼が引き寄せられたと言ったらよいのかわからないが、この社会の無意識や暗部に存在する「思想」を明るみに引きずりだして、しっかりと向かい合わなければならない。

石原慎太郎が重心の施設（重症心身障害児施設のこと）で「この人たちに人格はあるのか」と問うたとき、その言葉をたたいたことはまちがいではないが、この意見に対して、「こういう意味で人格がある」という考えがしっかりと語られないままになってしまったが、結果的に石原の問いはそのまま社会の暗部に消えないまま残り続けてしまった。

この悲惨な事件が、さらに悲惨なものにならないためにも、亡くなられた方々の真の生きる意味がきちんと語り出されていかなければならない。

粗削りな文章ですが、私が事件の一報を受けて想起したのは、一九九九年に府中療育センターを訪問した際の石原慎太郎氏の言葉でした。当時、都知事だった彼は、重症心身障害児施設を訪れ、『ああいう人ってのは人格あるのかね』と発言した」と報道され（一九九九年九月一八日付朝日新聞朝刊）、批判を浴び、後日、「発言の真意は、行政の長というよりも、ひとりの人間として思い悩むことを感じさせられ、そのことを自分自身にも、記者のみなさんにも問いかけたものだ」との報道がなされました（同年九月二二日付朝日新聞朝刊）。確かに、最初の報道だけだったら、反語表現のようでもあり、人格はないだろうという意味が隠れているようでもあります。ただ、私は当時、これはむしろ問いかけそのものであると感じられ、その問いかけにその場で誰も答えなかったことのほうに衝撃を受けたのです。そのようなことを記者会見で尋ねるということも不快ではありましたが、どうして誰も答えてくれなかったのだろうということです。答えられないのであるならば、石原氏と根っこは同じではないのかという思いでした。私の当時の答えは、現在のものとは違います。しかし、重症心身障害と呼ばれるお子さんがたは、私の経験からは、言葉はなくとも、感覚をさまざまに使いながら工夫し納得しつつ一つ一つの運動を起こし、私たちに感動を与える存在であり、人格を備えていることは明確であるというのが答えでした。

このときの記事の中には、「自分の文学の問題にふれてくる。非常に大きな問題をかかえてきた」との発言も記されている（同年九月一八日付朝日新聞朝刊）のですが、このことは、それから、およそ一〇年後、盲聾者福島智さんをモデルにした石原氏の小説「再生」（「文学界」二〇一〇年三月号掲載）の中で次のようなかたちで表現されています。

主人公「私」は、視覚を失い、聴覚も失おうとしているそのとき、その状況をどう受け止めていくか悩む中で、友人とカフカの『変身』について語り合うのですが、自分たちは、カフカの虫なんだという友人に対して、「私」はこう答えるのです。「そうじゃないさ。俺たちはただ障害のある人間だよ。もっと重い障害を持った人間だって沢山いるよ。自分で自分が誰なのか一生わからないで過ごすような。彼等に比べりゃ俺たちはあんな小説も読めるし、それで悩んだりも迷ったりも出来るじゃないか」。小説の中のセリフですので、この言葉そのものについて議論するのは適切ではありませんが、少なくとも、石原氏は、こうして、一〇年前の経験を文学の中で表現したのです。ただ、残念ながら、この一〇年の時間の中で、この問題に対する新しい考え方を石原氏にもたらすことはできなかったように思われます。

ところで、この一〇年は、それまで右肩上がりと言ってよかった日本の障害者福祉にブレーキがかかった時期でもあります。象徴的なことは、二〇〇五年の障害者自立支援法の成立です。小泉内閣の「聖域なき構造改革」という合言葉のもと、障害者にも費用の負担を求めるというものでした。私の印象の域にとどまるのかもしれませんが、この一〇年は、石原氏の問いに対する答えをさらに見失った一〇年だったのかもしれません。

石原氏の問いに対して、私も含めて「もちろん人格はあります」と即答できる人々は少なからず存在したはずです。しかし、こうした時代の進展の中で、私の記憶では、公的な議論として石原氏の問いには答えが明確に与えられることはなかったように思います。だから、いささか大げさな言い方になってしまいますが、石原氏の問いは、この時代の社会の無意識あるいは暗部にとどまり続けたということになるのではないかと私は思ったのです。

石原氏の問いは、純粋に問いであるかぎりにおいては優生思想とは言えないでしょう。しかし、この問いは、明確に答えられないまま、出生前診断においては、もはや問いではなく、産まない選択という答えを用意しました。そして、それは、優生思想を内にはらんだものとなってしまったと言えるのではないでしょうか。

(2) 優生思想を越えてきたもの

前項で紹介した発言五—6bの文章で、世の中には二つの本音があるということが述べられ、優生思想のような考えに対抗するものとして、「ずっと私たちに寄り添おうとしてくれた人」の存在をあげていました。そして、例えば自分のヘルパーは「まったく無名の人ですが天使のような人」だと言っています。

同様のことは、以下の俳句の中にも見られました。

■発言五—15a(三六頁、三七頁、一九六頁、二〇五頁、二一三頁)

津久井なる　施設に密かな　愛ありし

よき人が　常に我らの　そばにあり　(二〇一六年八月一八日)

この少年は長く病院で生活を続けている高校生で、重症心身障害と呼ばれる状況にありますが、その経験がこうした表現を生んだと思われます。これと同様のことは次のように語られています。

■発言五—13b(四一頁、五四頁、一八一頁)

なんであんな事件が起こったのかきちんと考えたくて何度かみんなで話してみたけれど、なかなかわからなかったのは人間なのにどうして人にも人を殺せるような残酷な心がひそんでいるのかということでしたが、理性をなくしてしまうとそういうものなのかととても寂しい気持ちになりましたが、改めてまた人は理性があるからさまざまな損得を顧みない尊いことができるのかもしれないと思いました。よい心という言い方ではとても説明できない複雑な心がこうした福祉などを根本から支えているので、もっとそういうことに理解を深めようと思いました。

（二〇一六年九月一二日／藤村元気）

また、先に引用した**発言五—8**の施設で暮らす女性の言葉の末尾はこうしめくくられていました。

■発言五—8b（一七五頁）

〇〇（県名）の片隅の施設でも、みんな豊かな暮らしをしているし、私たちをとても大事にしてくれる職員さんに囲まれているので毎日幸せに暮らしていることを伝えたいです。（二〇一六年八月二四日）

優生思想が世の中に広く浸透していることは間違いありませんが、一方で、意思疎通の困難な障害者に寄り添い続けてきた人々を支える思想がしっかりと存在していることも、また、もっともっと確認されなくてはならないのではないでしょうか。事件後犯人の言葉は、マスコミを通して流布されていきましたが、こうした障害者に寄り添ってきた人々の言葉は語られることがあまりにも少なすぎるように私には思われました。

三．犯人の許しについて

この悲惨な事件について、許しがたいという感情が湧くことはきわめて当然です。事件直後には、このような言葉が記されています。

■発言五—4c（七四頁、一四〇頁、一七三頁、一七四頁）

とてもひどい事が起きて、僕は悲しいです。なぜ、障害の重い人たちが無残にも傷つけられなければならないのでしょうか？　痛かったでしょうし、どんなにつらく怖い思いをしたかと思うと犯人を許せません。（二〇一六年七月三〇日／大野剛資）

また、上述したとびたつ会のメンバーが、横浜市の通所施設の研修会で読み上げたスピーチは、次のような言葉から始まっていました。三〇代の男性で自閉症と呼ばれる状況にある方です。

■発言五―16

許せないできごとが起こりました。乱暴なことをしただけでも許せなかったけれど、容疑者が障害者の存在意義まで否定したことが許せませんでした。（二〇一六年九月二四日）

ところが、この「許せない」という思いをそのまま綴った文章は実はそれほど多くなく、驚くべきことに、「犯人の許し」について語られることが少なくありませんでした。

最初に、二人の若者の俳句を紹介します。一人目の若者の作品にはすでにふれましたが、彼は事件に関する二二句の俳句のうち、犯人について三句を作り、最後に短い言葉を記しています。

■発言五―15b（三六頁、三七頁、一九三頁、二〇五頁、二一三頁）

わだかまり　解く技が　我にあらば
わだかまり　解けぬ犯人　ただ許す
わだかまり　持つ犯人に　句よ届け

わざわざに世に問いし犯人に堂々と答えここに記せり。（二〇一六年八月一八日）

また、同じく事件について一八句の俳句を寄せた男子高校生は、犯人のこととその許しについて以下のように表現しました。重症心身障害と呼ばれる状況にある方です。

■発言五―17（一三七頁）

わざわざに　悪き人間　演じたり
人生は　そんなに軽く　ないものを
罠に落つ　犯人救え　百合たむけ
わだかまる　心を溶かす　ゆるしのみ　（二〇一六年九月一〇日／深井健太郎）

犯人は、優生思想を育む一方で、個人的な鬱屈をため込んでいったことは間違いないでしょう。そうした心を二人とも「わだかまり」のある心と呼び、できるならばそのわだかまりを解きたいと願い、犯人を許そうと言っているのです。

この許しの問題について、二人の文章を紹介しましょう。

■発言五―6c（一七四頁、一八七頁）

僕は犯人を死刑にするのは間違っていると思います。なぜなら死刑にしてしまうと犯人は自分の考えにかえって意固地になってしまって、けっして考えを改めないだろうと思うからです。死刑はもともと議論の多い制度ですが、今日、僕は改めて死刑の問題を感じました。犯人が心を改めることこそ重要なのですから、むしろ死刑は犯人の心を頑なにしてしまうのではないでしょうか。ぜひ犯人にも改心する機会を与えるべきだと思います。だから今、改めて人は人を許すことができるかということを問い直したいと思います。親たちは、当然許せないはずですが、ゆっくり自分の子どもを思い浮かべたら、子どもは必ず犯人を許すだろうと気づくのではないでしょうか。だから、ぜひ、改めて許しの問題を考えるべきだと思います。（二〇一六年八月一六日／田所弘二）

■発言五—10b（一七八頁、二〇六頁）

それから、犯人をどう許すかという問題です。犯人を死刑にするということになるしかないと思いますが、もしかしたら責任能力がなかったということになるかもしれませんが、今のところ死刑制度があるかぎり、この事件の規模からいうと死刑はまぬがれませんが、この事件ほど死刑が空しいものはないと思います。なぜなら、死刑の意味がどこにあるかというと、犯人が間違っていることがはっきりしているからみんなも納得してしまうのですが、今回の事件の怖さは、犯人の行為は否定しても、犯人の思想は否定されないということです。行為の否定は一致しますが、思想については、どこかで同意しているところもあるのではないかと思うので、この死刑は、なんだか、正しいことなのに表面上間違っているという考えを最後に残してしまう気がします。だから、死刑ではなくて、犯人自身の考えの悔い改めこそが必要だと思います。

僕は間違っていたというだけでなく、みんなも間違っているとあの犯人の口から言われないと、この事件の解決にはならないと思います。死刑ではなく人を許すことが大事だと思います。
（二〇一六年八月二五日／田中啓一）

許しの問題は、まず、死刑の問い直しから始まっています。**発言五―6c**では、大切なのは犯人の心を改めることなのに、死刑は犯人の心を頑なにして改心の機会を奪ってしまうということが述べられています。そして、**発言五―10b**では、犯人の犯罪行為については世の中の人にとっても「間違っていることがはっきりしているから」死刑によって犯人の行為を否定することはできるが、犯人の思想については世の中の人々は「どこかで同意しているところもあるので」、死刑によっては否定されないまま「正しいことなのに表面上間違っているという考えを最後に残してしまう」という危惧が述べられ、本当に必要なのは、ここでもやはり「犯人自身の悔い改め」だと主張されているのです。

犯人自身が改心し、そのことに世の中が納得しないかぎり、事件の本当の解決にはなりません。だから社会が向き合うべきなのは、「わだかまり」の結果犯人が起こした行為であるよりも、犯人がいだき、社会もまた染まっている優生思想だという意味で、説得力のある議論と言えるのではないでしょうか。

しかし、これだけでは犯人を許すということにはつながりません。死刑の無意味さからさらに許しの問題を問い直すために、発言五―6cでは、亡くなった被害者たちは「必ず犯人を許すだろう」という考えが述べられます。

ここで、なぜ当事者は許しを語るのかということをめぐって、詳しく語られた文章を紹介したいと思います。

■発言五―2b（一七〇頁）

母さんには、耳をふさいでおいてもらいたいようなことですが、私は首に刃物を当てられた瞬間に、その人はどうぞと言ったと思います。だってそういうやいばのようなまなざしを何度も向けられては、私たちは何度もまっすぐ前を見返してきたので。もちろんとても怖かったとは思いますが、けっして目をそらさなかったのではないかということが私が必死で思ったことでした。もちろん現実は怖くて怖くてしかたなかったことがほとんどだったと思いますが、心の中に自分を軽蔑する人を絶対にまっすぐ見つめ直すという心があったはずなので、そのことを誰も言わないから私は一人で悔しがっていたのですが、私はそのことを今言葉にしたので、またどこかで紹介してもらえればと思います。（…）私はやはりそういう強い思いをみんな持っていただろうから、例えば、あの犯人を許すか許さないかと言ったときに、まっ先にあの亡くなった人たちは、いいから許してあげなさいと言うと思いました。なぜかと言うと、私たちは何度も何度も許せないような目に遭わされてきたのですが、それを一つ一つ結局は許してきて、もちろん許すことによって何が得られたかというと、私たちの心が醜くならずにすんだということでしたから、本当に人は人を憎んでしまうと自分が情けなくなるということをよく知って生きてきたので、今回のことは、亡くなってしまったから許しようもないことなのですが、きっと私なら許すという思いだけは捨てないと思います。それを捨てないということが私たちのもっとも大切な私たちの誇りのようなものですから、今回の事件でもしあの人たちに語る時間があったなら、私たちは許しますからどうかみなさん死刑にだけはしないでくださいと言うのではないかと思ってきました。さすがにここまで言えるのは同じ立場の人間だけですが、そういうことをきっと誰も知ることもなく、この事件は闇から闇に葬り去られるのだと思っていたので、言うことができてよかったです。（二〇一六年九月一七日）

ここでは、「首に刃物をあてられた」というきわめてリアルでかつ凄惨な情景を喚起する言葉をあえて選び、現実に存在したはずの恐怖の感情に深く思いを寄せていると思われます。それは、懸命に亡くなった仲間の存在に寄り添い、自分の言葉がけっして現実から遊離しないように努めているからなのでしょう。その上で、自分がこれまで繰り返し受けてきた差別の中で人を許し続けることによって心が醜くならずにすんだという自身の経験を亡くなった仲間に重ね合わせ、そして亡くなった仲間も「いいから許してあげなさいと言うと思」ったと考え、そこから犯人を許すという結論を導いているのです。

これが事実とどれだけ符号しているかについては、おそらくこの方も、そんなことは実際にはありえないかもしれないことを承知の上だったと私には思われます。この方が強調したかったのは、そのような深い思いをかかえて、自分たちも亡くなった方も生きてきたはずだということです。許すということは、人間の行為の中でも崇高なものの一つだと私は考えていますが、そのことをこうして語ることで、亡くなった方々の真実を示し、亡くなった方の尊厳に満ちた人生を訴えたかったのではないでしょうか。「ここまで言えるのは同じ立場の人間だけです」との断りには、そのような思いがこめられているような気がしてなりません。

許すことをめぐってきんこんの会で議論になった際に、以下のように語った方がいます。編者である二松学舎大学の改田明子先生が「ゆるす」の表記を微妙に使い分けて掲載したニュースレター（「MISSION KANAME vol.10 2016年待降節号」要を支える会編）から引用します。重症心身障害があるとされる二〇代の男性ですが、アパートを借りて自立生活をしています。

■発言五―18

僕はゆるしのことを真っ先に考えたというか、みんながいろんなことを考えたんだろうから僕の役割はゆるしについて考えることだと思ったので、ゆるしについて考えました。人が人をゆるすことができるかと問われると、僕は、人は人をゆるせないからこそどうやったらゆるせるか考える存在なのだという結論にたどり着きました。最初からゆるせるなら問題にはなりません。人はなかなか人をゆるすことができない存在なのだと思います。でも、人間の心の中にはそれでもゆるしたいという気持ちが眠っているから、そのことを人間は一生懸命考えるのではないでしょうか。今回の事件では、より本質的なことが問われているので、だからこそ、やはり一番人間にとって本質的な問いである「人は人をゆるすことが出来るのか」という本当の問いが、きちんと問われるのではないかと思います。だから僕は一人一人の人間はゆるせないと言ってもいいのだと思うけれど、人の心には「でもゆるしたい」という気持ちがあるということをしっかりと見据えたいと思います。そして、みんなでがんばって、ゆるしたい気持ちもあるしゆるしたくない気持ちもある、この人間という存在が、みんなで「ゆるしたい」という気持ちの方に手をあげて、一人一人は二つの心を持っているけれど、みんなの心の総意としてはゆるすということに決めるということが、とても大事なのではないかと思っています。人間の社会というのは、そうやって成り立っているのではないでしょうか。世の中の建前と本音という言葉がありますが、僕は建前と本音という言葉はあまり好きではありません。人間の心は複雑なものですから、今回はゆるせないとゆるしたいという気持ちが二つ並ぶのですが、人は共に考え合う時はあまり本当の気持ちのままに伝えるのではなく、どうありたいかの方に向かって心を合わせていくのではないでしょうか。だから本音と建前ではなくて仲間同士集まって本当に目指したいものに向かって心を合わせるのが社会なので、今回はゆるしたい気持ちがあるのだから、みんなでゆるそうというのが一つの考えになるのではないでしょうか。

他のものもみんなそうだと思います。だから障害のある人は生きる意味があるのかと言われたときに、多くの人はどっちかわからないというかもしれないけど、それでもやはり障害のある人にも生きる意味はあるのではないかという気持ちが心の中にはある訳だから、意味があるというほうに社会で持っていくのが成熟した社会ではないかと思います。今回僕がゆるすということを巡って考えたうちに、社会の本音と建前ということに気付かされたので、少し話が大きくなりましたが、今回のことをそんな風に捉えれば、やはり今回はあの19人もの命を奪った憎らしい犯人であっても、やっぱり私たちはなぜかゆるしたいという気持ちが働くので、やはりゆるすことは大事ではないかという風にみんなの意見がまとまればとてもいいことだと思っています。幸い神を信じる人間はそこに神という存在をきちんと持ってくるので、迷わず赦すということに一致点が作られるのですが、社会は今は神という存在を前提にしないで仕組みを作るので、そこには持ち込むことはできないけど、神を信じるということはそういうことであると思っています。僕はとても弱い人間なのでゆるせない自分も持っていますが赦すということを神という存在がきちんと代表してくれるので僕の中にはゆるすということは正しいという認識が生まれてくるのですが、それは僕のような立場の人間の台詞かなあと思いますが、社会はそうではなくて人間の理想の方に向かって心を一致させていけばいいのではないでしょうか。

（二〇一六年一〇月八日／堀川要）

四．被害者が匿名にされたこと

この事件では、被害者の名前は公表されませんでしたが、このことについて、私は、原則論としては、被害者を同じ人間として扱うべきで、知的障害者だから匿名にすることはあってはならないと考えます。しかし、現実には、遺族の思いで、公表は控えられたとされています。原則論とは別に、遺族の思いや実際の経緯などは、複雑なものがあったでしょうから、このようになったことについて軽々に是非は論じられないと思いますが、名前が公表されたあとに、そのことについて尋ねられていたら、そのときは、遺族はまた違った考えをお持ちになった可能性もあったと思います。そのことを確認した上で、今回の家族の判断の背景について当事者の言葉をもとに考えていきます。

この件について、前出の俳句を作った若者の作品から二句を紹介します。

■発言五―15c（三六頁、三七頁、一九三頁、一九六頁、二一三頁）

名前なく　天国に行きし　我が仲間
名前なく　忘れられようと　永遠《とわ》の魂《たま》

名前すら顧みられることなく亡くなり、忘れ去られようとする仲間への無念の思いと、鎮魂の言葉です。

この名前の問題について、次のような明快な意見が述べられています。

■発言五―10c（一七八頁、一九八頁）

もう一つ許せない感じがしたのは、被害者の名前が公表されるべきかどうかについて、あまりにも浅薄な議論しかなされていなかったことです。確かに人がたくさん亡くなったのだから、その名前くらい公表して、その人の人生をきちんと悼むということは大事なことですが、人のいのちの亡くなる痛みは、その人を本当にかけがえがないと思える人にしかわからず、悼むこともできないものですから、意識がないと思っている人たちに対して、いくら公表しても、誰も本当の意味を感じることができないどころか、かえってその人たちのいのちに対して冒瀆にすらなるのではないかと思います。だから今回、名前を家族が出さない理由は、ただでさえ自分たちを差別してきた世の中が、どうしてこのときだけ自分たちを本当に理解するなどということがあるだろうかという考えになるのは当たり前だと思います。本当にわかってくれる人たちだけが、あの被害者を悼むことができるので、僕は今回名前が出ないことの背景にも深い問題が横たわっていることを感じました。（二〇一六年八月二五日／田中啓一）

■発言五―1b（一六九頁）

世の中の人は、名前を出す出さないの議論よりも、思い出をきちんと語るべきだという方向で、そのことを実現してほしいです。私はきっとお母さんも名前を出さないだろうなと思いました。なぜなら、どうせわかってもらえないことがわかっているから、出してもいいけれど、出したってわからないという思いがそういうときは強くなる気がしたので、私は、出すべきか出さざるべきかと問われてしまったら、家族は出さないでほしいと言うにちがいないと思いました。ただ、世の中の人は当然出すべきだという考えをもとにして考えてほしかったと思います。だから警察の人が、そのまま出してしまえばよかったのにと今は思っています。そうすれば、家族はそれをきちんと受け止めて、きちんと話したにちがいないけれど、聞かれてしまったら、私も私の母さんも出さなくていいと言いそうな気がします。何かしても理解されなかったときのあのどうしようもない空しさを知っているから、聞かれたらちょっと出したいとは言えなかったのではないでしょうか。（二〇一六年九月一七日）

きわめて明快な論旨なので、繰り返す必要もありませんが、「意識がないと思っている人たちに対して、いくら公表しても、誰も本当の意味を感じることができないどころか、かえってその人たちのいのちに対して冒瀆にすらなる」「何かしても理解されなかったときのあのどうしようもない空しさを知っているから、聞かれたらちょっと出したいとは言えなかったのではないでしょうか」という考えは、多くの家族もまた感じたものなのではないでしょうか。

そして、あえてやるべきことは、「思い出をきちんと語るべきだ」と語っています。正しい理解のない現状で、本当に明らかにされなければならないのは、名前なのではなく、その人のかけがえのない人生の証であり、それを端的に表すものが「思い出」であると言っているのです。

二〇一六年一一月四日付朝日新聞朝刊に匿名ではありましたが、亡くなった被害者の写真と父親の談話が掲載されました。それは、まさに被害者の存在のかけがえのなさを思い出とともに語る記事でした。具体的な被害者の姿が語られたことで、一九人がいったいどのような存在であったかが実に雄弁に示されました。私も、その写真の面影に、私がつきあっているある方の姿が重なり、悲しみもまた新たに深まり、私たちが追悼を向ける相手が誰なのかを手触りをもって語るものだったと言えます。その記事が明らかにした被害者像は、この間、マスコミを通して暗黙のうちにかたちづくられてきた被害者像である「意思疎通の困難な人」とは、大きく異なるものだったのです。

その後も、匿名報道に関しては、さまざまな議論が続けられましたが、事件で重症を負った尾野一矢さんとそのご家族が、名前だけでなく、テレビ等の取材にも応じておられたほかは、匿名報道は一貫して続けられました。

そして、犯人の公判が開かれる直前の二〇二〇年一月八日、毎日新聞の朝刊に「自慢の娘　名前は美帆」という見出しの記事が掲載されたのです。そこでは、名前の公表をめぐって次のように記されていました。「母親は毎日新聞の取材に対して公表に踏み切った理由を『ちゃんと美帆という名前がある』と語る。同日公表した手記では『自慢の娘でした』と振り返り、『美帆は一生懸命生きていました。その証を残した。美帆の名を覚えていてほしい』と思いをつづっている。（…）母親は取材に対して『突然娘を失ったショックや悲しみで、話ができない状態だった』と述べて実名を公表しなかった県警の対応に理解を示す。そのうえで『美帆はどこに出しても恥ずかしくない娘。障害があって恥ずかしいから出さないということではなかった』と語る」。

名前の公表にいたらなかった当時の状況は、母親の立場からはやむをえざるものであったということがよくわかりますが、手記の中には、「恐い人が他にもいるといけないので住所や姓は出せません」とあるように、いまだにこの母親を脅かすものが私たちの社会の中に潜んでいるということに、あらためて、このことの根の深さを感じます。

しかし、この母親は、「美帆」というかけがえのない存在を表す名前を公表し、手記を公開することを選ばれたのです。手記の一部を抜粋します。

「大好きだった娘に会えなくなって三年が経ちました。時間が経つほどに会いたい思いは強くなるばかりです。会いたくて会いたくて仕方ありません。本当に笑顔が素敵でかわいくてしかたがない自慢の娘でした。(…)美帆は一生懸命生きていました。その証を残したいと思います。恐い人が他にもいるといけないので住所や姓は出せませんが、美帆の名を覚えていてほしいです。どうして今、名前を公表したかというと裁判の時に『甲さん』『乙さん』と呼ばれるのは嫌だったからです。話を聞いた時にとても違和感を感じました。とても『甲さん』『乙さん』と呼ばれることは納得いきませんでした。ちゃんと美帆という名前があるのに。どこにだしても恥ずかしくない自慢の娘でした。家の娘は甲でも乙でもなく美帆です。この裁判では犯人の量刑を決めるだけでなく、社会全体でもこのような悲しい事件が2度とおこらない世の中にするにはどうしたらいいか議論して考えて頂きたいと思います。障害者やその家族が不安なく落ち着いて生活できる国になってほしいと願っています。障害者が安心して暮らせる社会こそが健常者も幸せな社会だと思います」（二〇二〇年一月八日付毎日新聞〈インターネット版〉朝刊：https://mainichi.jp/articles/20200107/k00/00m/040/447000c）

写真も同時に掲載され、その写真の一枚は、NHKの「19のいのち」のサイトに掲載されていた絵のもとになったものであることもよくわかりました。改めて、名前はなかったとはいえ、このかけがえのない美帆さんの姿を、すでに公にしておられたことの重さを認識させられました。

この手記には、美帆さんとの幼少期からのたくさんの思い出が語られています。それは、まさに、本章で紹介してきた当事者の言葉である「同じ人間として、豊かに生きてきた体験をお母さんならではの言葉で語ってほしかった」（発言五―2a〈一七〇頁〉）という気持ちと符合するものでした。

私は、公判が近づくにつれ、また犯人の主張がマスコミから聞こえてくるであろうことに重苦しいものを感じていたのですが、この記事を目にして、犯人の世迷い言ではなく、きちんと真実が語られたことに大きな救いを感じました。そして、マスコミも、犯人の言葉ではなく、この母親が語る真実のほうを大きく報道しました。本当のことが語られれば、世の中の多くの人は、きちんとその言葉の中にある真実に共感することも、また、明らかになったのではないでしょうか。

五．被害者の追悼と鎮魂

今回の事件を承けてさまざまな追悼の催しがなされ、たくさんの鎮魂の祈りが捧げられましたが、その追悼や鎮魂の場に重度の知的障害者とされる人々は、容易には参加できませんでした。しかし、それぞれの場所で本当の追悼とは何かを問い、ひっそりと鎮魂の祈りが捧げられていたのです。

まず、三人の重症心身障害と呼ばれる状況にある方々の言葉を紹介します。それぞれ、女子中学生、二〇代の男性、二〇代の女性です。

■発言五―19

私が最後まで疑問のままなのは、どうして亡くなった人の人生をもっと一生懸命考えようとしないのかということです。津久井やまゆり園の入所者たちは、重度の知的障害があったと言われていますが、本当はみんな言葉を豊かに持っていたのではないでしょうか。それなのに何もわからない人が殺されたとばかり報道されていて、これでは正しい理解は得られないし、亡くなった仲間のいのちに対して失礼だと思います。どこの誰かもわからぬまま亡くなっていったこともつらいけれど、家族の苦しみを考えたらそれも仕方がないと私は思いますが、どんな人だったのかを正しく理解されないで亡くなったことこそが、もっとも悲しいことだと思います。（二〇一六年八月二九日／中里絢音）

■発言五―20（七一頁、一四三頁）

僕たちは何もわからない存在ではなく、よく物事を理解できているちゃんとした存在です。だからきちんとした理解をしてほしいのです。分不相応と言われようとも僕たちはずっとぬいぐるみのように思われようとも強い気持ちで生きてきましたから、ちゃんとした事実として認識してほしいです。望みはただ正しい理解が得られることです。それだけが亡くなった仲間たちのいのちに存分な祈りを捧げる道です。だから僕は声をあげたいです。（二〇一六年八月三日／廣瀬岳）

■発言五―21

私も突然の悲しいニュースで毎日涙こそ流さなかったけれど悲しみにくれる日々が続いています。でも、私は今回のことは何かを訴えることができそうな不思議な勇気も感じていたのですが、まだまだ理解されてはいないとはいえ、こうして確実に意見を述べられているので少しだけ救いがある気がしました。亡くなった仲間たちは何もわからない人と決めつけられていますが、けっしてそんなことはないと今回こそしっかりと訴える必要があると感じたからです。涙だけで泣きくらすのでは亡くなった仲間たちの本当の鎮魂にはならないと思うので、私はしっかりと声をあげたいと思います。（二〇一六年八月八日／岩瀬亜希子）

被害者と同じ立場にある者にとって、「何もわからない人が殺されたとばかり報道され」ることは、「亡くなった仲間のいのちに対して失礼」で、「もっとも悲しいこと」であり、「正しい理解が得られること（…）だけが亡くなった仲間たちのいのちに存分な祈りを捧げる道で」あって、「仲間たちは何もわからない人」ではないと「しっかりと訴え」なければ「本当の鎮魂にはならない」と述べているのです。

その上で、被害者に向けて多くの方が、懸命の鎮魂の祈りを捧げていました。そして、その鎮魂の祈りは、次のような詩や俳句のかたちをとって表現されました。最初の**発言五―15**の方はすでにその俳句を紹介してきた重症心身障害と呼ばれる状況にある高校生、そして、中度の知的障害のあるとされる二〇代の女性、重度の知的障害があるとされる四〇代の男性、重症心身障害と呼ばれる状況にある二〇代の女性、同じく重症心身障害と呼ばれる状況にある二〇代の女性と続きます。

■発言五―15d（三六頁、三七頁、一九三頁、一九六頁、二〇五頁）

みんみんと　弔いの声　津久井湖に
津久井なる　施設に輝く　魂あり
願い瑠璃　津久井の湖　映したり
瑠璃色の　湖深く　ただ濡れる

わが心　津久井に届け　病舎より
津久井なる　施設に手を合わす　わが仲間
世の中よ　津久井の百合に　何学ぶ　（二〇一六年八月一八日）

■発言五―22

どうしても仲間のことが悲しくて、もう一度時間を逆戻ししたくなりましたが、どうしようもありません。つい昔のことを思い出すとまったくそんな不安はどこにもなかったのに、呼んでももう返事は返ってこないのだと思うと、夢でいいから亡くなった人たちにはもう一度戻ってきてほしいと思います。ずっとそんなことを考えていたらとても悲しくなってきたのは、津久井やまゆり園の人たちにもみんな言葉があったはずだと気がついたからです。理解のできない人を殺したということだったけれど、本当はみんなすべてを理解していたのではないでしょうか。だからずっと悩み続けています。なぜそのことについて誰も新聞やテレビで語らないのでしょうか。私はとてもつらいです。犠牲者の魂が泣いているのではないでしょうか。もっと亡くなった人たちにも言葉があったのではないかと議論をしてほしいです。わざわざ何もわからないうちになどという説明を聞くと、何だか私たちにもその言葉は向けられている気がしてつらいです。だからみんなの魂に本当の安らぎを取り戻すためには、本当の姿を語る必要があると思います。みんなでよい安らぎを犠牲者のみなさんにもたらすためには、一人一人のかけがえのない人生を追求する必要があると思います。だから私は詩を作ってきました。

やまゆりの花がいっぱい咲き乱れる山奥の森でランプのあかりが消えた
まっくらな森の中で私はひとり迷い
暗闇より聞こえてくるやまゆりの悲しい声を聞いた
みんな私たちにはじっと耳をすませば涙ながらに抗議する声が聞こえた
私たちには言葉があるのに誰もそのことに気づくことなく
私たちはもう闇の中に消えていかなければならない
だからどうか私たちの叫び声に耳をすませてほしい
私たちを暗闇にそのまま置き去りにしないでほしい　（二〇一六年九月一三日）

■発言五―23（二二二頁、二二三頁、二二四頁）

〈電信柱のうた〉

電信柱が並んで寂しく立っている
電信柱はいつもいつも寂しい風を受けながら
電信柱の悲しみを風に託してじっとでくのぼうのように立っている
電信柱の役割は電気を送ることだけど

電信柱の本当の役割は悲しみを空に向かって叫ぶこと
電信柱の悲しい叫びが北風にのって聞こえてくる冬に
僕はとても悲しい悲鳴を聞いた
今年どこかで僕たちのようにただでくのぼうと言われる人たちが
たくさん殺されたということだ
でくのぼうの本当の役割は人の悲しみを黙って引き受けることだから
でくのぼうがいなくなってしまったら
みんな悲しみを誰にも引き受けてもらえなくなるから
世の中はいっそう悲しくなる
北風の中に聞こえた悲鳴はずっといつまでもやむことはなかった

（二〇一六年一〇月二二日／早坂孝一）

■発言五―24

〈やまゆりよ永遠に咲け〉

やまゆりは無残に踏みしだかれてしまったけれど
やまゆりの花は静かに涙を流し
そこにふたたびやまゆりの新しい芽が涙を吸って地上に姿を現した

この新しい芽にはそれまでのやまゆりにはなかった悲しみが宿っている
この悲しみはこの間まちがって生まれてしまったものだけれど
やまゆりの悲しみはこれから永遠《とわ》にこの花に刻まれる
私はこの悲しみはたやすくいやされる悲しみではないと思う
だがこの悲しみをただの悲しみに終わらせてはいけないと思うから
私はやまゆりに新しい名前を与えようと思う
二度と戻らない命だからこそ
私はこの花の新しい芽にはそのよみがえりにつながる希望が
潜んでいなくてはならないと考える
だから私はやまゆりの新しい名前として
永遠《とわ》の悲しみのゆりという名前を与えよう
そうすれば亡くなった一九人の命は
けっして忘れられることなくずっと語り継がれ
いつか本当のことが明らかになった日に
もう一度やまゆりを高くかざして
悲しみを本当の理解とともによみがえらせて
新しい時代の始まりとしたいと思う　(二〇一六年一二月二三日／溝呂木梨穂)(みぞろぎ、二〇一七)

■発言五―25

〈桜が痛みを感じている〉

今年はどうしたことか花見の宴は今ひとつ盛り上がらないまま
花びらは静かに枝にとどまり続けた
私たちにはその桜がまるで仲間のゆりの悲しみを
引き受けているように思えてならなかった
人々は一瞬に咲いて潔く散る桜をめでるために宴を催したが
今年は桜が静かに枝にとどまり続けているので
人々は肩透かしを食らったかにようにさみしい宴を繰り返している
私はまさにその花の姿の中にこそ
仲間の悲しみをともに悼む桜の姿を感じるのだ
桜がいったいいつ散ったのか今年はみんな気づくよしもなかった
それはただ悲しみを静かに静かに抱えながら
ひっそりと桜が散っていったからだ
来年の桜はまたどんな散り方をするのか私にはわからないが
今年の桜には私は仲間の死を悼む悲しみを感じたのだ　（二〇一九年五月二一日／白石早樹子）

こうした言葉こそ、亡くなった被害者に真に心を寄せうる人々の鎮魂の祈りの言葉だと言えるのではないでしょうか。

六．町田市障がい者青年学級ととびたつ会での取り組み

町田市障がい者青年学級と青年学級から発展的に生まれた本人活動の会「とびたつ会」では、事件の直後から、この事件について話し合いを重ねてきました。津久井やまゆり園のある相模原市と町田市は隣り合っていますので、大変身近な問題だったのです。なお、すでに述べてきたことですが、活動では、筆談の介助を積極的に行うことにより、普段は言葉による気持ちの表現がむずかしいメンバーも当たり前に意見を表明していますが、会話の可能なメンバーも場合によっては筆談の介助を求めてくることもあります。以下の活動は、そのようにして進められたものです。

事件から二か月余り経った二〇一六年の一〇月一日、二日、町田市障がい者青年学級の合宿がありました。場所は相模原市と八王子市の市境の近くにある大地沢青少年センターでしたので、津久井やまゆり園は直線距離にして五キロメートル余りです。いつもは楽しく行うキャンプファイヤーで、一九個のろうそくをともして亡くなった方の追悼の時間を持ちました。真っ暗な闇の中にともされた一九個のあかりに、私自身も胸をえぐられるような思いがいたしましたが、当事者のメン

バーは自分のこととしてこの問題を引き受けていましたから、その思いの深さは私の比ではなかったように思います。

このことは、その後の活動にも引き継がれていきました。実際に事件のことをかたちにしたのは、歌や楽器を中心としたコースと、劇やミュージカルを作るコースでした。どちらのコースにも筆談の介助ができるスタッフがいたので、まさに「意思疎通が困難」とされるメンバーもしっかりと参加して活動は進められていきました。そして、歌と楽器コースでは一つの歌として実を結びました。

〈大切なこと〉

まちがってないよ　僕らの生き方　そんなあたりまえのことさえも
疑う人がどこかにいるのなら　僕らは今そっと伝えたい
僕らは笑って生きている

空はこんなに美しいのに　あなたは逝ってしまったの
花は美しく咲いていたのに　ふみしだかれてしまったの
ひとりひとりの人生思い　ミサンガを編んだの
たくさんの糸　それはあなたの　ひとつひとつの歩みがあったから
笑っていようよ　僕は僕らしく　人生を楽しんで生きている

忘れないから　あなたも全力で　そのいのちを生きていたことを
僕らは絶対忘れない

いつだって笑い合える友だち　心にポッとあかりがともる
目標やがんばれる場所　キラキラ輝く自分がいる
幸せなこと　すてきな気持ち　たくさん感じている
だから僕らのこの毎日は　なんてあざやか　なんていとおしい
笑っていようよ　僕は僕らしく　人生を楽しんで生きている
僕らの明るさや僕らのパワーを　たくさんの人に伝えていこう
歌っていこうよ　生きる喜びを　たくさんの人に伝えていこう
僕らは笑って生きている

犯人が問いかけた障害者の生きる意味に対する答えとして、私たちはきちんとこのように生きているんだということを土台にして作られた力強い歌です。それは、当事者にとっては疑いようのない事実なのです。

歌の中に登場するミサンガは、健康体づくりコースが二〇一七年二月五日の活動で実際に津久井やまゆり園に花を手向けに行くことを聞いたあるメンバーが、一九本のミサンガを編んできて、健康体づくりコースのメンバーに託すということがあったことを歌いこんだものでした。
一方、劇ミュージカルコースでは、事件の前から作りはじめていた物語を急遽、事件を盛り込んだ内容に変えたのですが、その中で、亡くなった方を追悼する歌が二曲できました。

〈やまゆりに捧げる歌〉

言葉があったことを誰にも知られることもなく
無残に散ったやまゆりに今捧げよう　この歌を
まっすぐ伸びたやまゆりは気高く空を見上げているが
やまゆりの瞳は涙に濡れてうるんでる
どうして花を足蹴にしたの　花は二度とはもどらない
いのちを宿すものはみなたくさん意味を背負ってる
かえがたいいのちをもう一度よみがえらせる奇蹟はどこと
どんなに叫べど空は応えてくれない

〈永遠のやまゆり〉

あの青空に美しいやまゆりの花を捧げよう
やまゆりの花の咲く場所はこの大地からあの空へ

やまゆりの魂は永遠だから
あの青い空へやまゆりの魂を心をこめて解き放とう

一つ目の歌は、一九人のいのちが二度ともどらないというどうしようもない現実と、その亡くなった仲間たちには、実は犯人や世間の思い込みに反して、言葉があったのだということを歌ったものです。二つ目の歌は、その重い現実を前に、次の言葉が継げない中、懸命に亡くなった人たちの魂の救済を願った祈りの歌と言ってもよいでしょう。この二曲については、指筆談によって聞き取られた当事者自身の詩と曲によるものです。

一方、とびたつ会でも話し合いは重ねられていましたが、年末頃から、並行して二〇一七年の五月に開催される「若葉とそよ風のハーモニーコンサート」のことも話題になってきました。みんなどこかで、事件のことをしっかりと取り上げたいという思いは強くあったのですが、コンサートのステージ上でどのようなかたちで表現するか、苦しい議論が続きました。コンサートは、第一部がミュージカル、第二部が合唱というかたちが恒例となっているのですが、事件のことをミュージカルで取り上げたいという意見も出される中、その道が見つからなかったのです。

そうした議論を経る中で、コンサート全体のテーマやミュージカルでは、みんなが輝いて生きていることをしっかりと表現することとなり、事件のことを直接表現するのは、上述の歌とその歌の紹介のセリフに託すことになりました。

そうして決まったコンサートのテーマは、「この私で生きていく」というものです。一見、事件とは関係がないように見える言葉ですが、犯人によって否定され、犯人に動揺させられた世間の人々が堂々と語ることを忘れてしまったものがここには表現されています。

そして、ミュージカルは「ピッカピカの心」という、輝いて生きることをテーマにしたものとなりましたが、そのテーマソングは次のようなものでした。

〈ピッカピカの心〉

ピッカピカの心は　キッラキラの私のものと
ピッカピカの心が　キッラキラのあしたをつくる
いのち輝かそう　今　世界に伝えよう　今
私は生きている　今　みんなと手をつないで
夢を語り合おう　あすへ　希望を見出そう　あすへ
平和を歌おう　あすへ　翼を広げよう
昨日のつらさ乗り越えて　私は私を生きてゆく
みんなの笑顔を信じて　私は私を生きてゆく
ピッカピカの心は　キッラキラの私のものと
ピッカピカの心が　キッラキラのあしたをつくる

青年学級やとびたつ会では、引き続き、事件についての議論を重ねていきましたが、二〇一八年度の劇ミュージカルコースでは、再び事件について表現することを追求することとなり、「ふみしだかれたやまゆり」という物語といくつかの挿入歌が生まれました。当初はミュージカル仕立ての劇にすることを意識していたのですが、二〇一九年三月の成果発表会では、物語の文章を何枚かのスライドにして、そこにみんなで描いた絵を挿絵として加え、朗読と歌による発表をしました。

〈ふみしだかれたやまゆり〉 公民館学級劇ミュージカルコース（夢のあかりコース）作

熊がやまゆりの花を踏み荒らしてしまった。花が枯れてしまったのはハチミツをとるのに役に立たない花は意味がないと熊が考えたからだ。

（歌）**熊の歌**

蜜の採れない花なんてまったく役に立たないから
俺さまがぐしゃぐしゃに踏みつぶしてやる
蜜の採れない花なんていのちに意味がないから

ぐしゃぐしゃに踏みつぶせ　ぐしゃぐしゃに踏みつぶせ

（歌）ふみしだかれたやまゆり

やまゆりがこんなに無残にふみしだかれて
やまゆりはどうしていいかわからないまま
知らない世界に旅立っていった
私たちは今深い悲しみの中で
やまゆりをただ心から偲ぶだけ
やまゆりをもう一度よみがえらせるために
私たちはもう一度立ち上がろう

やまゆりの花が無残にふみしだかれたことを悲しんだ山の神様が、すべての花に咲くのをやめるように命令した。その命令にしたがった花たちはいっせいに咲くのをやめたので、山から花が消えてしまった。

（歌）まっくらな世界

まっくらな闇の中　世界のすべての花が　咲きほこるのをやめた

僕たちの心から花が消え去ってしまい　勇気も未来も消えた
残酷な熊の仕業で　失われた花を取り戻すため
僕らは立ちすくむだけだが　この手で未来の花を取り戻そう

花が枯れてしまったことを悲しんだ僕たちは、どうにかして咲かなくなったたくさんの花たちがもう一度美しく豊かに咲けるようにと考えをめぐらせたところ、誰かがこうつぶやいた。

「みんなで失われた花たちのすばらしさを大地に向かって祈ってみよう」

「花は、私が沈んでいたときに勇気を与えてくれた」

「花はいつも私を癒してくれた」

すると、祈りが届いたのか、大地からささやくような声で、こう告げられた。

「山奥に秘密の湧き水が眠っている場所があり、それを一滴花にかけてあげれば花は美しく咲くことができる」

それを聞いた僕たちは、山奥にむかってまっすぐ歩き出すことにした。手がかりはまだないけれど、花の咲いていた場所を一つ一つたどりながら、その花のすばらしさを大地に向かってささやくと、こんな声が聞こえてきた。

「この道を西に曲がりなさい」

（歌）**秘密の泉を探しにゆこう**

まっすぐむこうの山までみんなで秘密の泉を探しにゆこう
秘密の泉がどこに眠っているか探りあて
秘密の泉の水を枯れた花に注いであげて
世界中に新しい花を咲かせよう

そうやって大地の声に導かれつつ、僕たちは秘密の湧き水の湧く泉までたどりつくことができた。秘密の泉を汲み上げようとしたとき、闇からやまゆりの声が聞こえてきた。

「私たちの本当の姿はまだまだ知られないまま、踏みにじられてしまったけれど、私たちにも無言の中に豊かな心があることをどうか伝えてほしい」

そう言ってやまゆりの声は消えていった。

（歌）**私たちには言葉がある**

私たちには言葉がある
それを伝えるすべもなく私たちのいのちははかなく消えた
このまま消えてしまうにはあまりに心残りだから
せめて本当の姿をみんなに知ってほしい

その言葉を私たちはしっかり受け止めて、もう一度、花の心をしっかりと思うことにした。

「みんなに本当の花の心を伝えなくては、未来の花は咲かないのだ」

そう一人が力強く叫んだ。そして、本当の花の心の歌を山中に伝えることにした。

（歌）光がもっと届きますように

光がもっとこの世界に届きますように
みんなで新しい花を咲かせよう
新しい花のいのちはあの踏みしだかれた花のいのちの宿ったものだから
悲しみを乗り越えてもう一度生まれ変わったいのちなんだ
もっともっと高らかに歌声を響かせて
光がもっと射すように

みんなで泉の水をたいせつに持ち帰り、山の花に一滴ずつまいていった。すると大地の声の通りに花が少しずついのちを取り戻していった。

そして春の花は春に、夏の花は夏に、秋の花は秋に、冬の花は冬にそれぞれの花を咲かせていった。

津久井やまゆり園にかかわる当事者自身の言葉を五つの項目に分け、さらに、町田市障がい者青年学級ととびたつ会での取り組みを紹介してきました。それらはいずれも、事件をめぐって巷間で語られている言葉とは趣旨を異にしており、被害者と同じ立場にある者だからこそ語りうることであることを明らかにすることができたと思います。こうした障害当事者による言説は、この事件の意味を明らかにしていく上で、多くの手がかりが含まれているはずです。

また、今回の事件に際して世間の議論は、被害者および同じ立場にある者は語りえない存在であるという考えを出発点にしています。しかし、被害者は語りえない存在であるという図式を崩さないかぎり、この事件の真実を理解することはできないのではないでしょうか。

障害者権利条約が成立する中で、Nothing about us without us（私たち抜きに私たちのことを決めないで）という言葉が語られ、当事者主権といった言葉も頻繁に耳にするようになりました。しかし、こうした言葉の届かない領域が存在することを、この事件はあぶり出しています。犯人は、被害者にそのようなことはまったくあてはまらないことを自明の前提として犯行に及びました。そして、現代の日本の社会もまた、このことを図らずも前提としていると言わざるをえません。

この壁を突き崩すことができないままに、事件が風化していくのか、それとも、この事件を一つのきっかけとして、新しい障害理解を打ち立てることができるかということが、問われなくてはならないはずです。

終章　いのちを見つめて

本書で扱ってきた問題の根底を貫いているものは、いのちだと思います。障害は、いろいろなかたちでいのちの問題とつながってきますが、自らのいのちと厳しく向かい合う経験をしている方も少なくありません。ここでは、そうした方のいのちをめぐる言葉を紹介したいと思います。

一．もう一度このからだで生きてもいいよ　上木啓太郎さん

最初の方は、上木啓太郎さんという方です。進行性の障害で、その障害の進行を「老化が早い」という言い方で語られることのある障害です。もちろんその表現はある一面をとらえただけの大変不正確な言い方だと思いますが、その障害がテレビのドキュメンタリーなどで紹介されたこともあります。

私が出会ったのは、二〇一四年の七月二六日、すでに表現の方法がほとんど失われていた頃になります。しかも一度しかお会いしていません。

障害が進行するということは、いやおうなしに死というものと向かい合うことを強いられます。そこから目をそらすことも可能かもしれませんが、上木さんは、厳しく見つめることを通して、さまざまな鋭い哲学を生み出してきました。

まず、私たちが物事を理解するとき、その根底にある枠組みにあたる、時間と空間についての考察です。

皆は今、時間を空間で測るものさしで測っていませんか？　そうすると人生ってちっぽけに見えてくるけれど、それは錯覚です。そのことを乗り越えて僕は今とても豊かに生きています。皆未来に向かって希望を抱いているのだけれど、それは勘違いで本当の希望は、今、この時間の中に感じられているからこそ希望なのです。無限の時間の中、今この中に希望はあります。カレンダー上の未来は、ただの「カレンダー」というものの上の未来でしかなくて本当はいつもこの無限の時間の中に存在しています。

人は孤独ではあるけれど、常に人に包まれています。それは今、目の前にいる人だけに包まれているのではなくて、過去の追憶の中にいる人はみんな僕を包み込んでいるので、人は一人になりたくてもなれるものではありません。

時間と空間とは本来別物なのですが、私たちはそれを整理して理解するために、時計やカレンダー、年表などのように、空間上の関係に置き換えることにしています。哲学の世界では、これを時間の空間化などということもあるようですが、彼はそのことを短い言葉で鋭く指摘しているのです。そして、普通はカレンダーや年表などの空間的なイメージで未来を理解し、希望は未来にあるものと考えがちだけれども、実は、今感じているものだというのです。そして、その今とは、空間的には点のように表象されてしまいますが、空間に置き換えなければ今は無限だというのです。進行性の障害の彼にとっては、迫りくる死を、空間に置き換えた時間で理解してはいけないと懸命に考えたにちがいありません。空間に置き換えてしまうと、死に至るまでの時間はただ短いということになってしまうからでしょう。空間に置き換えるのはある種の錯覚なのだから、そこにとらわれずに時間をとらえてみると、そこに無限の今が感じられてくるのだということでしょう。もし希望が空間的に置き換えた意味での未来にあるのなら、それは短くはかないものとなり、絶望につながりかねないものかもしれませんが、希望は無限の今の中に存在しているのだから、自分は豊かな希望に満たされているということを言っているということになります。

そして、過去についても、おそらく、ただ過ぎ去るものとしてではなく、今を包むものだということを、人と人の関わりのこととともに語っているのでしょう。

そして、こうした時間をめぐる考えを、改めて、花に託して次のように語っています。

花は散ることを知っているから美しいのか、知らないから美しいのか……。それは、どちらでもなくて、散ることも散らないことも越えているからです。咲いている中に無限の時間を凝縮させていて、散ることも散らないことも関係がないので美しいのです。桜はしっかりと今を生き抜いて、その「今」という時を最後に輝かせるために風に舞い散るという散り際を自分で選んだし、椿はポトリと落ちる道を選んだ。つつじは最後まで醜く花が散らずにがんばったり……。

それぞれがその瞬間の美しさの最後の輝きを自ら決めたものなんだから、散る散らないなんかのレベルで問題にするのはおかしくて、今、咲きつくしている花が最期をどう終えるかという問題が常に散る、散らないというつまらない言葉で言われているだけなので、花の咲いている時間というのは本当に無限の中の哲学です。

「散る」という言葉は、「死」という言葉に対応しています。自分が生きているということは、死を越えており、生きている中に無限の時間を凝縮させているので、死とは関係がないのだということになるのでしょう。それは、次のストレートな言葉でも表現されています。

みんなすぐにいのちの長さを数字で測ろうとしています。でもそれはとてもくだらないことです。いのちは今、無限に広がっていて、僕はそのいのちを一生懸命、丁寧に無限に生きています。僕はいのちの長さなんて一度も信用したことはないので、お母さん、安心してください。

彼は、さらに、障害をめぐって次のように語ります。

コウノトリが運んでくるのは赤ちゃんだと言われているけれど僕は「幸せの種」だと思っています。幸せの種を運んだときに、ある家ではそれが赤ちゃんになるのだけれど、僕はコウノトリはいろんな種を運んでいてその中には「障害」という種があると思っています。その「障害」という種を幸せと感じるかどうかというのは、それぞれの人に委ねられています。

でも本当はやっぱりそれは幸せの種です。その幸せの種を地にまくことすらしない人が最近増えているのがとても悲しいです。(…)

生まれてこれなかった子ども以上に、生まれてくるべきいのちを生ませない判断をしてしまって泣いているのは、お母さんだと思っています。生まれてこなかった子どもは悲しみを感じないのだけれど、生まれてこなかった子どもを持ったお母さんはずっと悲しみを死ぬまで引きずるのかと思うと、本当に世の中は残酷なことをしているなと思います。

最近よくテレビでいのちの選別みたいなことを言いますが、いのちを選ぶなんておこがましいです。僕らは、これだけ大変な状況で生きていても幸せなのに、なぜ人が簡単にいのちを選ぶことなんてできるのか。

障害を幸せの種と呼んだ彼には、その前年の夏から議論が始まった新型出生前診断というのは大変理不尽なものだったのです。

そして、障害名についてこう述べています。

普通は僕はいのちが短かったり老化が早いという言葉にとらわれて、「かわいそうな子」として接してくるので笑顔で接してくれる人はほとんどいません。僕は最後までこの間違った障害名のもとにいのちを終えたくありません。当たり前に生きた一人の人間が二一で死ねば二一年、三一で死ねば三一年の人生を生き抜いただけで、けっして老化などはしていませんし、ただ一人の人間として当たり前に生き、当たり前にいのちを終えていくだけです。そのことを、まるで何か特別な時間の短さや老化という間違えた表現をされるのはたまらないです。

障害名の中にはここまでその人を誤解させる障害名もあるので、障害名だし、一人の人は名前だけで呼ばれるべきですから。僕も一人の名前のある人間が懸命に生きているだけのことです。

私も、この言葉を受けて、あえて、彼の障害名を記すことはしておりません。

彼は、さらに、障害についての彼の究極の思いを、花の種に託して語ります。

種は次の世代につなげるけれど、どうやって遠くにいくかという問題があります。たんぽぽのように遠くに飛ばしたり、鳥のおなかの中に自らを宿すものもいれば、そのまま地面に落ちただけで種をそこに根づかせる花もあるから、次の人生をどの身にゆだねるかという選択をしています。

僕はもう一度この同じ障害という場所に種を落としてもいいという覚悟で生きています。人によっては、この人生がいやだからたんぽぽのように飛びたい人もいるだろうし……。僕は、実ならそのまま同じ場所に落とそうと思います。

　それはこの体を誇りに思っているということです。


もう一度、生まれ変わるならば、この障害のある人生を生きたいと述べたこの言葉は、啓太郎さんにとっては命がけの言葉と言ってよいと思います。この体を誇りをもって生きているという思いを、究極の言葉に託したのではないでしょうか。

彼は、さらに、思い描いた理想の生き方を花と虫の哲学として記しています。


　花と虫の哲学は、虫が花の中に入るときに不思議な哲学が始まります。花はなぜ虫がいなければ受粉することができないのでしょうか。なぜ自らの体の中に受粉するしくみを作らなかったのでしょうか。一本おしべが余計にあって、それが風に吹かれて動いて受粉すればそれでもいいような気がするのに、虫が来たほうがいいと考えたのはやはり、花は花だけでは完結しないようにできていて常に虫という別の存在の役割を大切にしているからで、その虫の役割は本当に不思議です。

　でも、そのことを虫は知りません。虫はただ甘い蜜を吸いにきているだけなのにとても大切な役割を果たしているわけだから、何も知らずに花の役に立っているという虫の行動は、無償の行為なのではないでしょうか。虫はその役割も知らずに素敵な蜜を吸いに来る。そしてその役割を知らないまま、花をそっとそのままにしておいて遠い空へと旅立っていく。

僕は虫のように知らないうちに人のためになり、自分はただ甘い蜜を吸っただけと思えるような人生を生きていきたいです。

懸命に生きてその無限のいのちを終えた啓太郎さんの人生は、私の周りの人々に、その言葉を通して確実に、静かな影響を与え続けています。彼は、この花と虫の哲学を実践して、遠い空へと飛び立っていったのだと思います。

啓太郎さんの言葉は、音楽療法を通して関わってこられた望月恵理子先生の手を通して、次のような歌になりました。旋律に乗って伝わってくる啓太郎さんの言葉は、いっそう深く胸にしみいってきます。

〈無限のいのち〉（上木啓太郎）

「いのちって不思議ね」　そんなことをよく言うお母さん
だからかな、僕はいつも「いのちは無限だ」って思っているんだ
みんなどうしていのちを時間ではかるの？
ただこの瞬間に無限に広がっているだけなのに……

今がなければ明日もないし希望もない
未来に向かって希望をいだいているのも今があるから
人はひとりになることなんてできないんだ
たくさんの人に包まれながら僕は今を生きてる
外に出るのは大好きだよ。たくさんの花を見たいんだ
花には花の、種には種の哲学があるんだ
花は自分でどう散るかを決めるんだ
桜のように風に舞い散ったり
椿のようにポトリと落ちたり
今の人生がいやだからたんぽぽのように風に乗せて遠くへ飛ばしたり
そのまま地面に落として今の場所でもう一度根付かせたいと思ったり
僕はもう一度同じ場所に種を落としてこの体で生きてもいいよ
これは僕の哲学
虫にも哲学があるんだよ
ただ甘い蜜を吸っているだけなのに本当は大切な役割があるんだよ
その役割もしらないまま遠い空へと旅立つ
僕も虫のような人生を送りたい

いっぱい花を見に行こう　お母さん
一緒にお散歩する時間は珠玉の時間
僕は無限の哲学者

〈名前はひとつだけあればいい〉（上木啓太郎）

僕にはお父さんとお母さんがつけてくれた素敵な名前がある
だから僕に障害名はいらない
あまりに生々しいけれど僕に老化という言葉もいらない
僕は一人の人間として一つの名前を持ち
懸命に生きているだけ
そしてただいのちを終えるだけ
一人の人間として大切な名前をもらって
その名前とともに当たり前に生きて
当たり前にいのちを終えるだけ
僕の名前はひとつだけ
お父さんとお母さんにもらった名前だけ

二　苦しみは理想をつなぐ糸　浦島美津恵さん

次にご紹介したいのは、たくさんの俳句と短歌を残して二〇一六年三月一九日に三一歳で亡くなられた浦島美津恵さんのことです。その俳句と短歌は、その七月『生まれてきて幸せ――みいちゃん頑張ったね』（浦島、二〇一六）としてまとめられました。

美津恵さんは一九八四年七月九日に生まれましたが、生まれたときから重い障害をかかえ、いわゆる寝たきりと呼ばれる状態で成人を迎えられました。私がお会いしたのは二〇一三年の三月一七日のことです。美津恵さんは、二八歳でした。表現手段を得た美津恵さんが向かったのは、内面の思いを短歌や俳句に託して表現することでした。そして、その八か月後、二度目にお会いしたときには、しっかりと短歌と俳句を用意していらっしゃったのです。

そこから美津恵さんの創作活動が始まりました。毎回、用意される数多くの作品は、パソコンか筆談によって書き留められたものですが、時には数十に及ぶ作品を美津恵さんはすらすらとそらんじて見せたことにも驚かされました。しかし、なんといっても圧巻だったのは、その完成度の高さです。沈黙の時間の中でじっくりと醸成された作品が堰を切ったようにあふれ出す時間は、感動に満ちたものでした。

美津恵さんの作品の中には深い透徹したまなざしで自らのいのちを見つめたものがいくつもあり

ます。

桜咲く　今年もいのちを　繋ぎたり
桜散り　涙を流し　来年も　（二〇一三年一一月三日）

これは、最初の作品の中の二句ですが、桜は毎年当たり前に見られるものと感じているわれわれとは違い、ぎりぎりの状況の中で、日々いのちを繋いでいる美津恵さんの姿が描き出されており、大変厳粛な思いにとらえられたことを覚えています。私と出会う三か月前に、いのちに関わる病気をしたばかりとあとになってうかがい、この言葉の重さを改めて思いました。

そして、二〇一五年一二月五日の紅葉の連作は、そうしたいのちのことが鋭く描き出されています。

紅葉《こうよう》を　母と二人で　又臨む
出来るなら　来年も又　この紅葉《もみじ》
何一つ　持たずに紅葉《もみじ》　散り行けり
舞い落ちる　花びらの如き　紅葉《もみじ》散る
舞い落ちる　紅葉《もみじ》葉《ば》は皆　子供の手
紅葉《もみじ》葉《ば》は　別れの如く　手を振りて

紅葉葉《もみじば》は　我が心なり　散る誓い
紅葉《もみじ》散る　我はまだ生く　定めなり
定めなり　残る葉っぱと　散る葉っぱ
抗《あらが》いて　枝に拘《こだわ》る　葉はあらず
出来るなら　土に帰りて　芽を育て
土に還る　夢のみを見て　散る紅葉《もみじ》
定めなり　土に還りて　春を待つ　（二〇一五年一二月五日）

悲しいことに、美しい紅葉を来年もという美津恵さんの願いは、永遠にかなわぬものとなってしまいましたが、その願いは、美津恵さんの生きようという強い意志の現れでもありました。しかし、そこには、自分の力を超えた定めがあることも十分に理解した上で、目の前の紅葉は今散る定めだが、私は生きることが定めなのだと言っていたのでしょう。そして、何一つ持たず、花びらのように、枝に抗ってとどまろうとすることもなく散っていく姿の中に、散り方の真実ともいうべきものを見出しているのです。深い覚悟を感じずにはいられません。また、子どもの手のような紅葉の葉は舞い落ちるときにさようならと手を振っているという言葉が、比喩というにはあまりにもリアルな響きを帯びていました。紅葉の葉のように白い小さな手を振る美津恵さんの姿が重なってきます。

紅葉の連作の最後の三句には、さらに散ったあとの紅葉の行方が歌われています。葉は散っても土に還って新たな芽を育てるように、私もまたそうでありたいという彼女の願いは、こうして残された珠玉の句と歌の数々によってかなえられていると言えるのではないでしょうか。

いのちを鋭く見つめ続けてきた美津恵さんは、また、その障害をめぐっても深い言葉を残していますが、その作品に移る前に、お母さんについての作品を紹介したいと思います。美津恵さんの障害を見つめるまなざしは、常にお母さんのまなざしに支えられたものだと思われるからです。

母の手に　私の手を載せ　過ぎし日々　（二〇一三年一一月三日）

よき風に　揺れる心や　恩返し　（二〇一四年三月一六日）

ぜひにとか　せがむわが子に　引き連られ　図画の如き技　身に着けし母

（＊「図画の如き技」は、忍耐をすること）

分相応　積み上げし光　輪に結び　再びの世を　誓い合うなり

（＊障がい者として生き得た幸福を輪に結び、又、母と来世で）

身を尽くし　手を捧げる日　長ければ　髪はいつしか　白みゆくなり　（二〇一四年六月二二日）

尽くせぬ愛　注ぐ母には　永遠《とわ》に時

ずぶ濡れに　私はならず　母濡れて　（二〇一四年一二月六日）

お母さんとともに歩んできた長い歴史が凝縮されたすばらしい言葉です。

それでは、そのお母さんに育まれてきた美津恵さんは、自らの障害をどのように見つめてきたのでしょうか。

すでに述べたように、美津恵さんが最初に気持ちを言葉で伝えられたのは、二八歳のときですから、それまで、長い長い沈黙の時間が流れていました。まず、その伝えられないもどかしさを次のように表しています。

己が意を　伝えきれずに　過ぎし日々　（二〇一四年三月一六日）
いつ　光射すかと　雲眺め　我ずんずんと　歳を経《ふ》りゆく　（二〇一四年六月二二日）
ざわめきを　静けさと聞く　つらき日々　（二〇一六年二月六日）
冷徹な　風に枯野の　冷えゆけば　日射し昔の　願いの如し　（二〇一六年二月六日）

いくら人がざわめいていても、気持ちが伝えられないし、気持ちがあることも理解されていない自分にとっては静けさと同じというつらい日々に、いつか気持ちを伝えたいという願いは、厚い雲の隙間から射してくる光のようであり、厳冬の枯野にわずかに射す光のようであったというのです。

そして、その日々は、人間として認められていない日々でもありました。その思いは次のような作品となりました。

人間に　生まれた証　歌を詠む
野を花に　彩る風の　吹き渡り　人間なりと　肩揺らす声　（二〇一六年二月六日）

枯野を花に彩る暖かい風が、美津恵さんの肩を揺すりながら、あなたも人間だよと声をかけてくるというのです。気持ちを伝えられて、人として認められた喜びがひしひしと伝わってきます。しかし、伝えられないもどかしさと伝えられる喜びとは別に、美津恵さんは、沈黙の日々にもっと深い意味を見出していたのです。

出られぬ無　わが魂を　深めたり　（二〇一四年一二月六日）
苦しみは　理想を繋《つな》ぐ　糸なれば　絹のごとくに　苦を愛すなり　（二〇一四年六月二二日）
次の生《しょう》　またこの体にて　生きたしと　（二〇一四年一二月六日）

「出られぬ無」と表現された沈黙の日々のおかげで、魂は深められたというのです。そして、そのことは、美しい歌に表現されています。理想を首飾りの宝石だとするならば、その宝石を繋いでいるものは苦しみだから、私は、その苦しみを宝石を繋いでいる絹の糸のように愛しているというみごとな歌です。理想は、人間にとってもっとも大切なものと言ってよければ、それは苦しみを通してしか手にすることができないから、苦しみは愛すべきものだということになるでしょう。この一首に美津恵さんの障害との向き合い方が凝縮されているように思います。そして、だからこそ、次の一句が生み出されたのです。もし生まれ変わりというものがあるとしたなら、私はまたこの体で生きていきたいという言葉は、上木啓太郎さんの言葉とぴったりと重なるものです。

なお、いのちと障害についてこのような透徹したまなざしを持っていた美津恵さんは、出生前診断について、次のような三首の歌を残しています。

生まれたる　子供の瞳　見る先に　眩き未来　輝きてあり
盗まれし　心はどこにと　探すとも　見つけられずに　夜は深まる
理想なき　世界に緑　気づかせむ　芽生えの季節　願い込めたり　（二〇一四年六月二二日）

なお、美津恵さんの遺作となったのは次の一句です。初めてお母さんが手を添えて読み取ることのできた文字がこの一句でした。

梅の花　一枝手折る　香の匂い　（二〇一六年二月一一日）

旅立つひと月前のことでした。

三．苦難、それは理想への水路　臼田輝《ひかる》さん

浦島さんの「苦しみは理想をつなぐ糸なれば絹のごとくに苦を愛すなり」という短歌と重なり合う言葉を残して逝った臼田輝さんについて、ご紹介します。臼田さんの言葉は、『「輝」――いのちの言葉』（臼田、二〇一二）としてまとめられています。

臼田さんは、一歳の誕生日の直前に、事故でほとんど体を動かすことのできない寝たきりの状態になった方でした。小学校時代を、愛育養護学校という私立の養護学校で過ごしましたが、そのことが臼田さんの人生をとても豊かなものにしたのです。人として尊重されたことがまず大前提ですが、校長の津守眞先生がさまざまな関わり合いの中から、大人の本の朗読を通して、臼田さんがもっとも集中するのは聖書であるという事実にたどりつかれたというできごとに象徴されるように、臼田さんの心を豊かに育む教育が存在していたのです。臼田さんの言葉の中に「気持ちは伝えられなくても、たくさん気持ちのはいっている言葉を伝えてくれれば、それを考えて一日を過ごすことができます」（二〇〇八年一〇月一四日）というものがあるのですが、これは、まだ、意思を表現する手段は手にしていなかった臼田さんが、大切な言葉をたくさん伝えられることによって、豊かな時間を過ごしていたことを示しています。

二〇〇六年九月一九日に都立の養護学校の中学部に進学した臼田さんにお会いしてから、幾度かの試行錯誤を経て、少しずつ言葉の表現の介助ができるようになっていったのですが、最初に何か

言葉を決めてから練習することを提案すると、お母さんは、「つもりせんせいおげんきですか」という言葉を選ばれ、臼田さんの言葉は津守先生への手紙になったのです。

そして、臼田さんが最初に綴った言葉は、「ぼくすてきなて」という言葉でした。おそらく、「手を使って言葉が書けたよ」という喜びを伝えようとしたのだと思います。その後、三回にわたって、津守先生に向けて世界の平和について述べています。その頃は、同時多発テロのあと、アフガニスタンやイラクで戦争が続いていた時期にあたります。

世論困る。世界から戦争がずっと途絶えて敵味方決めずに暮らしていけたらいいのに。（二〇〇七年三月二六日）

平和が来ればいい。宇宙が永遠に時間のある限り、いつの日か小さないのちが生まれて育っていくように、幸せがいっぱいにひります（なります？）ように。忘れないで偉い人たち。（二〇〇七年七月二四日）

世界に平和がやって来る。いのち向けて呼び、平和にともに生きて、日本中の空から戦いの声がなくなること。そのために願いを持って生きていこう。（二〇〇七年一一月一三日）

津守先生、お元気ですか。自然が不思議な力を僕に授ける。心にしみわたる祈りにこたえつつ、よき平和と地球の未来を願う。（二〇〇八年二月二六日）

こうした平和を願う言葉自体も大変驚くべき言葉でしたが、そこから少しずつ、臼田さんの言葉は、自らの内面に向かっていきました。しかも、そこには、津守先生が語りかけられたキリスト教の精神が底流に流れていたのです。

感動と忍耐をもって期待していれば、きっといつか期待通りになると信じて生きていこう。世も末という考え方はまちがっていて、可能性に賭けるべきです。人間のことをあきらめてはいけないと思います。よき日よき時に巡り会うことを信じよう。（二〇〇八年四月二日）

津守先生、さちこ先生。理解してもらう喜びにこみ上げて、ロマ書の言葉を思い出しました。普段から心がけていました、信じていれば必ず扉は開かれると。永久《とわ》というものにふれた気持ちがします。苦難の日々が平安の日々に変わりました。手を使えるとは思わなかったので精一杯がんばってみたいと思います。（二〇〇八年六月一七日）

四月には、「忍耐」は「可能性」につながることを信じようという自らへの励ましの響きでしたが、六月には、「苦難の日々が平安の日々に変わ」ったと力強く述べられていました。そして、この認識は、八月六日のすばらしい表現として結晶化したのです。

けっしてあきらめないで願いがかなえられることができて本当によかったです。最高に幸せです。望めば必ず扉は開かれるということが証明されました。失われた過去は戻って来ませんが、望みにあふれた未来があることがすばらしいです。苦難それは希望への水路です。けっしてあきらめてはいけないということを教えてくれます。手の中に美しい諦念を握りしめて生きていこうと思う。美しい諦念は真実そのものです。苦しみの中で光り輝いています。手の中にある真実はさいわいそのものです。望めばいつでも手にはいりますが、誰もこのことは知りません。なぜなら人間は常に楽な道のほうを好むからです。生きるということは苦難と仲良くしてゆくことなのです。（二〇〇八年八月六日）

「苦難それは希望への水路です」「手の中に美しい諦念を握りしめて生きていこう」という言葉は、「苦しみは理想をつなぐ糸」という浦島さんの言葉とみごとに共鳴しています。

次の文章も同様の思いが、今度は未来を「絵巻と詩歌」という言葉で表現しながら語られています。

神様の導きがあって今日の日が訪れたことをとても感謝しています。苦しみの日々が希望の日々にかわって、この日々を真実のものとしてくぐりぬけていくことができます。すばらしい未来が美しい絵巻と詩歌のように広がっています。昨日までの苦しみはみんなうそのように終わり、途方もない願いと望みが世界にみちあふれています。未来もきっとすばらしいことでしょう。理解してもらえて本当にありがたいと思います。（二〇〇八年八月二〇日）

この時期は、私のパソコンの介助法が発展して、速度があがり、文字数が飛躍的に伸びた時期だったのですが、臼田さんはそれに合わせて、筋道だった文章を綴るようになっていきました。そして、なぜ、自分たちの言葉が研ぎ澄まされていくのかという秘密について語り、さらに、その言葉を使うことによって見えてくる将来の夢を語っています。そして、すでに述べた、大切な言葉を語ってもらうことの意味が続きました。

元気な子どもは言葉を知ってからずっとしゃべり続けてきたけれど、僕たちはけっして何もするわけでもなくただじっと言葉だけを使って生きてきた。しかもいちどもその言葉を誰にも話さずに生きてきたので、ノンフィクションのドラマのような世界を過ごしてきた。だからドラマよりもすさまじい体験をしてきた。だから言葉が研ぎ澄まされてくるのは当たり前のことなのです。いちばんすばらしいのは芸術家のようにたくさんの人に感動を与えることです。もっと自分のことをちゃんと理解して、いろいろな人たちにちゃんと伝えられるようになりたいと思う。でも自分の足で神様の言葉を確かめることができればいいと思っています。すばらしいのはつらくても言葉があることです。言葉があれば、話すことができなくても、理解してくれればずいぶんと楽です。気持ちは伝えられなくても、たくさん気持ちのはいっている言葉を伝えてくれれば、それを考えて一日を過ごすことができます。言葉こそ僕たちにとって必要

なものなのです。（二〇〇八年一〇月一四日）

年明けの一月七日の文章は、なかなか難解な文章が綴られたのですが、文章を書き終えたあと、「夢のような願いですが、人間が願いをすべてかなえられたらどうなるのかということを考えました。人間は希望をかなえてしまうと死んでしまうしかないのでしょうか。小さい僕にはわかりませんが、小さい僕も希望がかなえられる日を夢みてがんばろうと思いました」と、説明が加えられました。それは、以下のような文章でした。

新しい年と時代の始まりの予感がさざ波のように感じられ、いい一年、二年になりそうです。たくさん夢がぬか喜びとならないようにと希望に喜びを重ねながら、あしたこそ願いがちゃんとした日のあたるところにいけるように、希望と幸いとを祈りにかえて、過去は星空に輝く可能性の綺羅星にかえて、可能性の気づかない苦難が死にたえてしまうように祈り続けよう。希望がすっかり昨日の思い出になってしまったらそのときこそ気にしていた素直な希望の死にたえた奇妙な世界が訪れるだろう。ついに希望の澄みきった世界が訪れたとき、幸せはどういうかたちになるのだろう。幸せは小さな喜びとなって、幸せと呼ぶ必要もなくなるだろう。幸せのかたちは変わったとしても、神様はきっと願いを聞いてくださるだろう。幸せの意味を希望の中に探すのではなく、一人一人の生き方の中に見出していかなくてはならない。希望の意味が変わってしまっても、いい希望は変わらずにそこにある。たとえ死は獅子のように襲いかかってくるかもしれないが、小さい僕は一人苦闘を続けていくつもりです。人間としての希望をかなえるために。小さい僕と小さい願いしかたずさえずに。（二〇〇九年一月七日）

世俗的な意味では、欲望は次から次へと湧いてくるものですから、その意味での願いがすべてかなうというのは考えにくいことです。しかし、臼田さんがここで言う願いとは、人間にとって本当に大切な願いということでしょう。私たちからすれば、例えば、もっと自由に体を動かしたいという願いがあってもおかしくないと思われるのですが、「手の中に美しい諦念を握りしめて生きていこう」と決意した臼田さんにとって、もはや、願うのはただ大切な願いだけということなのでしょう。

三か月前の文章には、この本当の願いについて、手がかりになる次のような表現があります。「いちばんすばらしいのは芸術家のようにたくさんの人に感動を与えることです。もっと自分のことをちゃんと理解して、いろいろな人たちにちゃんと伝えられるようになりたいと思う。でも自分の足で神様の言葉を確かめることができればいいと思っています」というもので、臼田さんの願いの中に自分の言葉で芸術家のようにたくさんの人に感動を与えたいというものがあることがわかるのですが、そこで臼田さんは葛藤しているようにも見えます。そして、人に伝えられなくても、自分の足で神様の言葉を確かめることができればいいと書き、たくさんの人に感動を伝えたいという思いを打ち消しているのです。

そして、このことからもう一度新年の文章を見ると、「自分の足で神様の言葉を確かめる」と表現されるような願いを、半ば遂げられたという思いがそこにはあるのではないかと思います。大切な願いがかなえられれば、もうそれ以上願うものはない。そうしたら、次はどう生きたらいいのか、という自問自答の末、臼田さんは、今度は、「一人一人の生き方の中に見出していかなくてはならない」のだというのです。そして、そのとき、改めて、今度は別のかたちで、願いや希望は見えてくるというのです。

こうしたことが、とくに何不自由なく、しかも時間も存分にある中で語られているならば、言葉遊びのように聞こえるかもしれません。しかし、この文章は突然、死を見つめる厳しい表現でしめくくられています。

私は、この文章を聞き取ったとき、この言葉のリアリティをそれほど感じてはいませんでした。しかし、臼田さんは、たえず死と隣り合わせに生きていたのだと思います。限られているかもしれない時間の中で、本当の願いや本当の希望を問い直し、自分はそれを今まさに手に入れようとしていると感じ取っている文章だったのだと思います。

臼田さんの最後の文章は、二月五日のものになります。この日は、愛育養護学校時代にお世話になった太田先生がいらっしゃり、太田先生に自分の気持ちを伝える言葉となりました。一月の自問自答の文章とは異なり、流れるように思いが語られています。

光がさしてきました。きれいな小さな地の恵みはきっと神様からの贈り物です。日本中に光が広がることが夢です。希望の風が吹いてきました。柴田先生と津守先生がなぜ出会うことができたのか。それも神様の恵みです。人間として生まれてすばらしいことは、神様の恵みを感じることができることです。小さい僕だけど、神様の大きな愛を感じることができて、望みをかなえることができました。魂の言葉はすすんで語れるものではなく、神様の恵みによってのみ流れだしてくるものです。いい勉強ができました。きっとこれも神様の恵みだと思います。いい願いを信じて生きたいと思います。いちばん大切なものはきっと神様を信じる心で、希望を失わないことです。唯一、愛だけが信じられるものです。昨日の苦しみは昨日という時間の中に置いてきて、未来という時間の中にあるのは信頼といういちばん自分を支えてくれる愛です。昨日の苦しみはもう過去のものです。慈愛に満ちた神様のまなざしは希望という唯一の糧を与えてくれました。自分にとって愛こそがすべてです。信頼こそが人を生かしてくれるものです。希望という光をしっかりいだきながら、希望空に思い描きながら、このきれいな扉をあけて、いい未来にむかって上を見つめながら、苦しみは昨日のものとして、明るい夢を見ながら歩いていこう。希望の未来を光としながら、愛をくださった神様に感謝して生きて、いい人生を送りたいと思います。(二〇〇九年二月五日)

苦難を希望への水路と感じた臼田さんは、新しい希望を「生き方の中に」見出すために、歩みはじめていたことと思います。私も、こうした時間が当たり前に続いていくであろうことに何の疑いも持ちませんでした。

しかし、二〇〇九年四月二六日、臼田さんは、獅子のように襲いかかってくる死との苦闘に終止符を打ったのでした。

四．まっすぐな心　名古屋和泉さん

最後に、一九六九年八月一二日に生まれ、二〇一九年一月三〇日に四九歳で亡くなられた、名古屋和泉さんという女性の言葉について紹介したいと思います。

名古屋さんは、全盲で、言葉や行動についても重い障害がありました。私は、一九八一年から、重複障害教育研究所で関わりを持たせていただきましたが、名古屋さんの言葉を聞いたのは、二〇〇九年の八月のことでした。全盲の方ですので、かな文字に頼るわけにはいきませんから、彼女の言いたい言葉を、音声で読み取ることにしました。それは、まず、伝えたい音がどの行にあるかを探し、次に行の中の音を探すという手続きですが、具体的には、まず、和泉さんの手を「あかさたな」と唱えながら振って、伝えたい音の行のところで合図をもらいます。次に、その行の音を、例えばサ行だったら「さしすせそ」と唱えていって、合図をもらうという方法でした。

その後、本人からひらがなをさわってみたいとの申し出があり、重複障害教育研究所の理事長中島知子先生が、レーズライターと呼ばれる用具でお作りになった線の浮き出した五〇音のひらがなをお渡しになったのですが、その一か月後、お母さんと毎日さわったり、一緒に書いたりするということを繰り返したところ、輪郭線をさわってもよくわからないけれど、動きは覚えられるということで、少しずつ筆談に移行していきました。

一方、名古屋さんは、重複障害教育研究会で仲間たちと発表する場を持ったり、中島昭美先生の「人間行動の成り立ち」という表現で語られた理論を、当事者の立場から改めて説明するといったきわめて意欲的な試みを行ったりしていきました（その経緯は前著『沈黙を越えて』〈一五五〜一六二頁〉で紹介させていただきました）。

名古屋さんは、繰り返し、肺炎を患ってきましたが、二〇一八年の六月一日の夜、危篤状態に陥り、二日の未明、お母さんからお電話がありました。大変危ない状況にあるということと、今いちばん和泉さんが求めているのは、気持ちを伝えることだろうとのことでした。

さっそく翌朝、間に合うのだろうかという切迫した思いで、病室に向かいました。到着すると眠っていないことはわかりましたので、おそるおそる手をとると、少しずつ語りはじめたのです。最初の言葉は、「今日は少し調子がいいのでまだがんばれるという気がしている」というものでしたが、お母さんのお話や忙しく処置をされている看護師さんたちの様子からは、夕べからずっと厳しい状況が続いていたのだということが伝わってきました。

病状についてのやりとりをいくつかしているうちに状態がだいぶ落ち着いてきていることを和泉

さんは自覚したようで、「私は意識がもうなくなるかもしれないと昨日は思ったので、お母さんに、私は生まれてきてよかったということを、絶対に伝えたいと思っていたので、こうして先生が来てくれて、伝えられてよかったです」と改めて語りました。最期かもしれないという思いの中で、語られた「生まれてきてよかった」という言葉は、本当に重いものでした。

そして、話を続けているうちに、さらに体調が戻りはじめていることを感じて、話は、思わず長いものになっていき、さまざまな話を聞かせてくれたのです。

最初に語ったのは、これまでの人生のことでした。

小さいときは、結構苦しいことが多かったので楽しいことが何にもないといつも悲しかったけれど、自分が目が見えないなんて小学校に入るまでよくわかっていなかったし、歩くことも大変というのもよくわかっていなかったので、ただただいろいろなことをしたくてもうまくできないことがつらかったのですが、だんだんそのことが理解されてきてからは、だんだん楽しいことが増えていって、この体でちゃんと生きていこうと思えるようになったので、いろいろなことをがんばれるようになりました。

先生と会ったのは中学生の頃だと思いますが、あの頃は宮脇先生（当時の担任の先生。名古屋さんといっしょに重複障害教育研究所に通っておられた）のおかげで毎日毎日前に向かって力強く進んでいる感じでした。宮脇先生も一生懸命だったし、中島先生のところにも行けたし、いろんなことが前向きに動きはじめたと思います。

でもそのうち、大人になってからは、もう前には進まないのが障害だということがわかりはじめて、今度はしっかりと自分の考えを持つことに決めていました。

そんなときにお母さんから連れて行ってもらう研究会が一番の楽しみになりました。中島先生の話は最初はよくわからなかったのですが、どうやら私たちのことを本当によくわかっている先生だということがわかったので、それからはしっかり先生の話を聞くようになりました。そうすると私たちの存在の価値をいちばん説明してくれる先生だということがわかってきて、それからは、先生の話に人生をかけようと思ったぐらいの感じで、毎年話を聞いていました。

なぜそこまで思えたかというと、私はきっと一生話せないと思っていたけれど、そうやって真剣に生きている私のことをきちんと理解してくれる人がいるのだから、私はそれに負けないように自分の考えをしっかり持とうという感じになったからです。

具体的な言葉では伝えられなくても、先生の言葉では私たちはとても深い思索をしている人間ということだったので、その深い思索に値することを自分たちは考えなくてはいけないとしっかり考えてきました。

突然、柴田先生が言葉を聞くやり方を探し出したので、こうしてそのことが伝えられるようになりましたが、私はこの方法が見つかるまでも、いつか必ず私の後輩の誰かがこのことを何らかのかたちで伝えられる日が来ると信じていたので、具体的なことは伝えられなくても、しっかりそうやって生きた人間がいたということをいつか誰かが振り返ってくれるはずだと思って懸命に思索を紡いできました。だから私は「話せる」とわかったとたんに、これは後輩ではなく私がその役割の人間だったのだということに気がついたので、懸命に自分の考えを伝えてきました。それで先生にお願いしたいのは、今まで伝えきれずに亡くなった仲間たちのこともしっかり振り返ってほしいということです。ちゃんとみんな懸命に生きて深い思索をしてきたということをしっかりと伝えてほしいと思います。

私は後輩がそれをしてくれると思っていたのですが、私にその役割が回ってきたので、私は先輩としてそのことをしっかり果たさなくてはいけないといつも思って話をしていました。

そして、和泉さんは、人間の本質とは何かということに議論を進めていきました。

看護師さんたちにも一言感謝の気持ちを伝えたいのですが、たくさんの人がこんな私のために日夜大変なエネルギーを注いでおられるということからも、この社会がどんなに曲がろうとしても、まっすぐな心がこのような世界には存在すると私はいつも思っています。

世間ではいろいろ殺伐とした話がたくさん報道されますが、私はこうやってまっすぐなものといつも向かい合う幸せを持っているので、社会に絶望したことは一度もないです。いつも人の心のまっすぐさを実感しながら生きてきたので、本当は人間はまっすぐな心を持っているというのが私の実感だし、きっとそれは間違いではないと思っています。なかなか世の中の人たちはそのまっすぐな心を保てずにいますが、障害や病気というものと向かい合うと、人間はそのまっすぐなものをもう一度取り戻すようになっていると思うので、私たち障害のある人々は生まれてこの方まっすぐなものをずっと保ち続けて生きていると思っています。

まっすぐな心という言葉を私はこの一年ぐらいの間に選んだのですが、まっすぐな心を人は持っているというのをしっかりと伝えてもらいたいなと思っています。まっすぐな心が私たちを生かしているので、そのまっすぐな心こそ社会を支える土台のようなものだということを、私は本当に伝えたくて伝えたくて仕方ありませんでした。まっすぐな心というのを私が私なりに選び出した最後の言葉としたいと思っています。（二〇一八年六月二日）

これは、すでに本書でも述べてきた出生前診断や津久井やまゆり園の事件などを通して、世の中に殺伐とした考えが存在することは大前提にした上で、それでも、人間にはまっすぐな心があり、それが社会を支えているのだという主張です。そして、そのまっすぐな心とは、一つは自分たちのような障害の重い存在に対して向けられているものであり、また、そうしたことを通して、自分たちもまた、それを持ち続けることができているのだというのです。

今、この原稿を書いているのは、津久井やまゆり園の第一審の公判で、犯人に死刑判決が出された直後の時期にあたっています。しかし、和泉さんの言う「まっすぐな心」の存在は、家族などの発言を通してしっかりと語られたにもかかわらず、社会全体は、やはり犯人の言葉によって、「まっすぐな心」の存在に目が向くよりも、人間の心の本質に「曲がった心」があるのではないかという不安を不必要に掻き立てられたままのように私には思われます。

和泉さんは、さらに、もう一度自分の人生について言葉を重ねていきました。

こういう言い方はちょっと本当に最後の言葉のようになってしまうので怖いのですが、今日は万が一を考えて本当に最後かもしれないという覚悟で続きを話したいと思います。

私は私の人生は本当にきらきら輝いていたと思っています。私は目が見えないので目を閉じると瞼の裏に浮かぶというふうな経験ではないのですが、母さんと一緒に出かけたたくさんの山や川や海の音はいつでも耳の中に鳴り響いています。それらはすべて宝石のような音楽のようなもので、私の人生はそういう豊かな音に包まれて常に存在していたという気がします。

私の人生は、きらきら輝くというよりは、豊かな音に満たされていたというのが、私の心からの実感なので、このことを一つの短歌みたいなものにしたので聞いてください。

我が人生、豊かな音に満たされて、心ひそかに幸思う
わが人生のかたわらに常に優しき母がいて
我が手を常に引きながらこの人生を生ききって

幸のきわみにたどり着いた　（二〇一八年六月二日）

この日の言葉が最後になるかもしれないとの覚悟のもと、もう一度、自分の人生は、豊かな音に満たされ、きらきらと輝いていたと述べたのです。

残念ながら、この日の言葉が、和泉さんの最後のまとまった言葉となりました。「この人生を生ききって幸のきわみにたどり着いた」という感慨を、人生の最後の場面で述べきった和泉さんの気持ちのすべてを私が簡単にわかることはできませんが、いのちとは何かを考える大切な言葉として記しておきたいと思います。

この後、和泉さんが予想した通り、病気は一進一退を繰り返しながら、少しずつ状況は悪くなっていきました。私が次に和泉さんにお会いしたのは、半年後の二〇一九年の元旦でした。このときは、眠かったようで、現在の病状を語り、心配しないで大丈夫というふうに、たくさんの言葉を語ることはありませんでした。そして、私もこのお見舞いが最後になるとは夢にも思わなかったのです。しかし、そのひと月後の一月三〇日、和泉さんは、静かにそのきらきらと輝いていた人生に幕をお引きになりました。

おわりに

私が、障害児教育の道に進もうと考えたのは、高校生の頃、人を信じるということを大切に生きていきたいと思ったことと、その世界では人間のすばらしさに出会えると思ったからだと記憶しています。そういう考えにいたるのに、小四と中一のときに、網膜剥離を患ったという経験も関与しているでしょうが、理想で頭をいっぱいにしていた高校生特有の思いが大きかったと思います。

そういう素朴な理想は、もちろんもろいものです。その先に進むためには、出会いが必要でした。その出会いは大学の三年生のときに訪れました。障害のある子どもの教育を実践的かつ理論的に研究し、しかも、障害のある子どもをすばらしい人間としてとらえる視点を持った故中島昭美先生の授業に出会えたのです。素朴な理想をはるかに超える世界が開けました。

そして、がむしゃらに中島先生の後を追うことを続けて、たくさんの障害の重いお子さんやそれを取り巻く人々との出会いを通じて、障害の重い子どものすばらしさを、事実を通して実感するという幸せな経験を続けてきました。

そしてその世界の先で、今度は、障害のある人々の秘められてきた言葉に出会ったのです。見方によっては、方向を変えたようにも見えることですが、私にとっては、まっすぐと続く一本道です。秘められた言葉が明かしたことは、中島先生のお言葉の通り、その人たちのすばらしさでした。

中島先生は、「光道園から、単なる肉体労働者だけでなく、世界を睥睨するような僧侶、作詩・作曲家、童話作家、哲学者等が輩出することも決して夢ではない」（中島、一九七三）という言葉を残されています。光道園とは、ご自身視覚障害のあった故中道益平氏が福井で作られた盲重複障害者のための施設です。

私はこの言葉をかなり早い時期から知っていましたが、一つの比喩としてとらえることしかできませんでした。しかし、今、この言葉が文字通りに読まれるべきものであることを実感しています。その意味では私は、まだ、先生の手のひらの上にいるということなのでしょう。

障害の重い子どもと関わるようになって四〇年の時間が流れました。目を閉じると、私にたくさんのことを教えて、先に逝かれた多くの人たちの顔が浮かびます。目立つことなくひっそりと生きられたその人生が、いかにかけがえのないものであったかが心の底から実感されます。高校生の時代の素朴な理想が、このようなかたちで実を結ぶとは、思いもよらぬことでした。人を信じることが大切な世界で、人間のすばらしさにたくさん出会うことができたのです。

そういう私の役割は、そうした人々の閉ざされたままになっている言葉を社会に伝えていくことです。それはけっして平坦な道のりではありませんが、孤独な歩みではありません。たくさんの当事者やそれを支える多くの方々と手を携えながら進めてきましたし、これからもそれは変わりません。

本書は、そういうたくさんの方々との共同作業の果実にほかなりません。当事者の声が社会に響きわたる日が待ち遠しいかぎりです。

最後に、この高く厚い社会の壁に穴を穿ってくださった萬書房の神谷万喜子さんに心より感謝を申し上げます。

二〇二〇年一〇月

柴田保之

■引用・参考文献

岩元綾（二〇〇八）『21番目のやさしさに』かもがわ出版

岩元綾（二〇一四）『生まれてこないほうがいい命なんてない』かもがわ出版

臼田輝（二〇一二）『「輝」――いのちの言葉』学校法人愛育学園愛育養護学校

浦島美津恵（二〇一六）『生まれてきて幸せ――みいちゃん頑張ったね』私家版

久保厚子（二〇一六ａ）「津久井やまゆり園での事件について（障害のあるみなさんへ）」全国手をつなぐ育成会連合会ホームページ（http://zen-iku.jp/info/member/3223.html）

久保厚子（二〇一六ｂ）「神奈川県立津久井やまゆり園での事件について（声明文）」全国手をつなぐ育成会連合会ホームページ（http://zen-iku.jp/wp-content/uploads/2016/07/160726stmt.pdf）

坂井律子（二〇一三）『いのちを選ぶ社会――出生前診断のいま』ＮＨＫ出版

柴田保之（一九九〇）「体を起こした世界 その1. 姿勢の諸相」『国学院大学教育学研究室紀要第24巻』

柴田保之（二〇一五）『沈黙を越えて――知的障害と呼ばれる人々が内に秘めた言葉を紡ぎはじめた』萬書房

スミス、キーロン（二〇一八）『ダウン症をめぐる政治――誰もが排除されない社会へ向けて』（白井陽一郎、祐希俊哉訳）明石書店（原著：Smith, K. (2010) *The Politics of Down Syndrome*, Zero Books）

中島昭美（一九七三）「研究から探究へ」『重複障害教育研究報告書』社会福祉法人光道園

並河進、小林紀晴（二〇一二）『ハッピーバースデイ3・11』飛鳥新社

萩尾信也（二〇一二）『生と死の記録――続三陸物語』毎日新聞社

東田直樹（二〇〇七）『自閉症の僕が跳びはねる理由――会話のできない中学生がつづる内なる心』エスコアール

みぞろぎ梨穂（二〇一七）『約束の大地』青林堂

柴田保之（しばた やすゆき）
一九五八年大分県生まれ。
東京大学教育学部教育心理学科を卒業後、同大学大学院を経て、一九八七年より國學院大學に勤務。現在、國學院大學人間開発学部初等教育学科教授。専門は、重度・重複障害児の教育の実践的研究。（財）重複障害教育研究所において中島昭美先生のもとで実践的研究に携わる。また一九八一年より、町田市障害者青年学級にスタッフとして関わる。
主な著書：『みんな言葉を持っていた――障害の重い人たちの心の世界』（オクムラ書店）、『沈黙を越えて――知的障害と呼ばれる人々が内に秘めた言葉を紡ぎはじめた』（萬書房）。

社会に届け、沈黙の声

知的障害と呼ばれる人々が語る、津久井やまゆり園事件、出生前診断、東日本大震災

二〇二〇年一二月一〇日初版第一刷発行

著者　柴田保之
装幀　西田優子
発行者　神谷万喜子
発行所　合同会社　萬書房
〒二二二―〇〇一一　神奈川県横浜市港北区菊名二丁目二四―一二―一〇五
電話　〇四五―四三一―四四二三　ＦＡＸ　〇四五―六三三―四二五二
yorozushobo@tbb.t-com.ne.jp　http://yorozushobo.p2.weblife.me/
郵便振替　〇〇二三〇―三―五二〇二二

印刷製本　モリモト印刷株式会社

ISBN978-4-907961-17-6　C0037